ROBERTA SARA

SARADAS PARA SARAR

transforme sua dor em propósito

Vida

Editora Vida
Rua Conde de Sarzedas, 246 — Liberdade
CEP 01512-070 — São Paulo, SP
Tel.: 0 xx 11 2618 7000
atendimento@editoravida.com.br
www.editoravida.com.br
@editora_vida /editoravida

SARADAS PARA SARAR

Os nomes das pessoas citadas na obra foram alterados nos casos em que poderia surgir alguma situação embaraçosa.

Todos os grifos são do autor, exceto os indicados.

Editora-chefe: Sarah Lucchini
Editora responsável: Mara Eduarda V. Garro
Revisão: Paulo Oliveira
Revisão de provas: Bárbara Bie
Coordenadora de design gráfico: Claudia Fatel Lino
Projeto gráfico: Jéssica Lindemberg e Marcelo Alves
Diagramação: Marcelo Alves
Capa: Lira Lira

1. edição: abr. 2025

Dados Internacionais de Catalogação na Publicação (CIP)
(Câmara Brasileira do Livro, SP, Brasil)

Sara, Roberta
Saradas para sarar : transforme sua dor em propósito / Roberta Sara. -- 1. ed. -- São Paulo : Editora Vida, 2025.

ISBN 978-65-5584-670-6
e-ISBN 978-65-5584-668-3

1. Cura - Aspectos religiosos - Cristianismo 2. Deus (Cristianismo) - Adoração e amor 3. Emoções - Aspectos religiosos - Cristianismo 4. Superação - Histórias de vida 5. Transformação I. Título.

25-258618 CDD-248.4

Índice para catálogo sistemático:

1. Transformação : Mudanças de vida : Vida cristã 248.4
Eliete Marques da Silva - Bibliotecária - CRB-8/9380

Sumário

Dedicatória

Este livro é dedicado a todas as mulheres que, em algum momento da sua trajetória de vida, passaram por dores, angústias e conflitos emocionais. Se você não vê saída ou solução para o seu problema, este livro é para você. Se já se sentiu rejeitada, abandonada, se tem acumulado feridas causadas por traumas emocionais, mas deseja ser curada e liberta dessa dor que se expressa continuamente em tristeza e lágrimas, este livro é para você.

Que esse testemunho lhe proporcione esperança de um amanhã melhor que está prestes a romper em sua vida.

Dedico esta obra ao exército de mulheres **saradas para sarar** que tem se levantado após a leitura das páginas que você lerá a seguir.

Agradecimentos

Ao Espírito Santo, que foi quem me inspirou a escrever este livro. A Jesus, o meu Resgatador. Sem ele, este livro não existiria. A Deus Pai, que me amou e me fez enxergar seu verdadeiro amor, que cuidou de mim em cada momento da minha vida, mesmo nos mais difíceis, até quando eu nem sabia que ele estava lá.

Ao meu esposo, Paulo, por não ter desistido de mim e por me amar como nunca ninguém me amou; por ser um instrumento de cura nas mãos de Deus, me incentivar e acreditar que um dia nós poderíamos ser felizes. Também lhe agradeço por ter suportado todos os meus rios de lágrimas durante muitos anos.

Às minhas queridas filhas, Amanda e Lavínia, que me trouxeram tantos momentos de alegria. Por elas, eu não desisti de viver, ao contrário, tenho desejado ser uma pessoa melhor a cada dia em Cristo Jesus.

À minha querida mãe, Marina, que me deixou a maior herança: o Caminho do Senhor, a sua Palavra, amor e perdão.

À Erondina, apresentada a mim pelo próprio Deus, minha grande amiga, irmã e psicóloga, que se deixou conduzir pelo Espírito Santo para realizar um lindo processo terapêutico em minha vida. Ela é como um anjo enviado pelo Senhor.

À Helena Tannure, Joyce Meyer, Ana Paula Valadão Bessa e Ezenete Rodrigues, pela dedicação ao chamado ministerial que tem abençoado tantas mulheres. Fui fortemente impactada e ministrada por meio dos vídeos publicados por elas e ao participar de eventos que elas promoveram. A partilha das histórias de vida da Helena e da Joyce me impactou de modo especial, pois eram parecidas com a minha; elas me ajudaram a encontrar respostas para muitas dores e conflitos que tinha em meu coração. Aprendi o caminho da cura em Cristo com elas, por isso considero que fazem parte do meu processo de cura e sou grata pela vida de cada uma.

Também sou imensamente grata à **Editora Vida** e à querida Duda Garro, por fazerem parte dessa nova jornada do *Saradas para sarar*. Sua sensibilidade, dedicação e olhar atento não apenas enriqueceram essa versão, mas também potencializaram a mensagem que desejo transmitir. Obrigada por acreditarem nesse projeto e contribuírem para que ele alcance e transforme ainda mais vidas!

Prefácio

Ao falar sobre a Roberta, minha esposa, posso dizer que, hoje, e a cada dia que passa, sou muito mais apaixonado por ela. Vivemos tempos que foram realmente extraordinários, em todos os sentidos. Passamos juntos por vários obstáculos, que achamos que não conseguiríamos sobreviver, mas superamos com a graça do Senhor. Deus fez uma obra maravilhosa em toda a nossa casa, relatada neste livro, e nunca poderíamos deixar de agradecer-lhe por isso. Tudo o que foi restaurado em nossa vida foi obra única e exclusiva do Senhor.

Cada minuto ao lado da Roberta é muito importante para mim. Quando li este livro, confesso que revivi muitos momentos, até mesmo de dor, mas também de alegria. Procurei ser imparcial, e ler como se fosse a história de uma terceira pessoa, e fiquei impressionado. Não parei de ler, nem por um minuto, até terminá-lo. Tenho certeza de que acontecerá o mesmo com você.

Quando iniciar a leitura, tenha em mente que todo esse poder de Deus detalhado no livro está disponível para todos, independentemente da situação que você tenha passado ou esteja passando no momento.

Que a graça de Deus esteja sobre você. Que cada frase, cada palavra deste livro vá ao encontro daquilo que você precisa. Que essa leitura traga libertação e cura para a sua vida, em nome de Jesus!

Paulo Afonso

Introdução

Eu costumo dizer que Deus nos envia à Terra com uma mochila cheia de dons, talentos, habilidades e tudo aquilo que vamos precisar em nossa caminhada para que possamos dar frutos e glorificar o nome dele. É justamente esse o propósito da nossa vida aqui, como o apóstolo Paulo nos instrui em sua carta aos efésios:

> *Porque fomos feitos por Deus, criados em Cristo Jesus, para boas obras, as quais Deus preparou previamente para que andássemos nelas. (Efésios 2.10)*

Nossa vida tem um propósito geracional. Estamos aqui com o intuito de perpetuar o legado de Cristo e, para obtermos sucesso nessa empreitada, será necessário cumprir com excelência todos os mandamentos deixados por Jesus, atentando-nos especialmente a esses dois, que resumem os demais:

> *[...]— "Ame ao Senhor, o seu Deus, com todo o seu coração, com toda a sua alma e com todo o seu entendimento".* ***Este é o primeiro e maior mandamento. E o segundo é semelhante a ele: "Ame ao seu próximo como a você mesmo". (Mateus 22.37-39)***

Quando o Senhor nos vê, ele enxerga também todas as vidas que podemos alcançar por meio do nosso testemunho, dos dons e talentos que ele nos concedeu. Existe um potencial em seu interior que você nem imagina! Para acessar tudo isso, você terá de trilhar a jornada de se curar dos traumas do passado, aprender a amar a Deus sobre todas as coisas e fazer as pazes com você mesma e com os outros. Quando menos esperar, o poder do Espírito Santo ativará o que for necessário para você ser uma mulher **sarada para sarar** outras vidas.

Imagine aquela mochila que mencionei, com tudo de bom que o seu Pai Criador colocou. Você está com ela nas costas, começa a andar e, no meio do caminho, pessoas movidas pelo poder das trevas passam a entulhar essa mochila, colocando pedras pesadas dentro dela, e isso a impede de caminhar. Então, cansada e sem a ajuda de mais ninguém, você para a fim de descansar e, de repente, percebe que está em uma gaiola emocional que aprisionou sua essência, identidade e senso de propósito. Você não sabe como sair de lá, porque a chave que abre essa gaiola não está ao seu alcance ou diante do seu olhar.

Caso se identifique com esse cenário ou conheça alguém que se encontre em uma situação assim, preste atenção, porque a ideia deste livro é entregar informações suficientes para você encontrar a chave que abre gaiolas emocionais.

Talvez você esteja aprisionada a dores e feridas emocionais, como eu estive por muitos anos. Pode ser que não saiba o que há de errado com você e como mudar, como eu também não sabia. Quem sabe você sequer tenha ideia de por onde começar a procurar essa chave, como um dia eu mesma não tinha.

Vamos começar tirando essa mochila pesada das suas costas, encontrando cada uma das pedras que depositaram nela e jogando-as bem longe. Talvez exista a pedra da rejeição, do abandono, do abuso, do *bullying*, do medo, da culpa, da condenação, da mentira, do perfeccionismo, da vergonha, da traição, entre tantas outras que têm trazido peso sobre você. Para retirá-las, você precisa identificá-las e decidir abrir mão delas.

À medida que fizer isso, perceberá também que a chave para sair daquela gaiola se tornará visível. Porém, lembre-se de que esse é um processo gradativo e, portanto, ainda que não se sinta totalmente livre, já é possível começar a lançar essas pedras para fora. Esvazie sua mochila até o ponto de restar apenas aqueles itens que Deus colocou nela no início da sua jornada de vida, sem que nenhuma pedra permaneça.

Meu objetivo é que, até o fim deste livro, você consiga ver pelo menos um pouco das flores que nasceram e foram regadas com suas lágrimas em volta dessa gaiola. Há beleza na dor e há beleza nos processos. É como uma rosa, que tem espinhos, mas não deixa de ser bela e perfumada. Você exala um perfume específico com sua história e seu testemunho, ainda que tenha se ferido em muitos espinhos ao longo do caminho.

Sempre sonhei em escrever um livro, por conta da quantidade de histórias já vividas com tão pouca idade (minha mochila estava lotada de pedras!), mas não sabia se algum dia isso seria possível, nem como poderia acontecer e muito menos o porquê desse sonho. Hoje, já posso entender a razão: alcançar vidas com o amor de Cristo, assim como a minha foi alcançada.

Confesso que meu segundo nome, Sara, já foi motivo de muito *bullying* comigo na escola. Eu me recordo que algumas crianças diziam com deboche: "A Roberta 'sara'?" (no sentido de curar alguém), e eu não sabia muito bem o que pensar na época, mas respondia: "sara!". Ainda hoje ouço piadas nesse sentido, porém não me incomodo mais, muito pelo contrário, eu realmente desejo que o Senhor use a minha vida para **sarar** muitas pessoas.

Lembro-me do dia em que senti fortemente em meu espírito o direcionamento do Espírito Santo para o título deste livro: Saradas para sarar. Eu estava fazendo meu serviço corriqueiro de casa (lavando louça, para ser mais específica), quando, de repente, começou a brotar o nome **Saradas para sarar** em minha mente.

Essa impressão foi se intensificando, até que percebi como o Espírito Santo ministrava ao meu coração que esse seria o título do meu primeiro livro e a marca do meu chamado, mensagem e ministério. Imediatamente, parei o que estava fazendo e corri para anotar. Quando escrevi o nome do livro com meu nome, incluindo o "Sara", tudo fez sentido.

Na Bíblia, os nomes eram dados de acordo com a história ou algum acontecimento marcante na vida dos pais que estivesse ligado àquele bebê. Vejo que meu nome também carrega uma história marcante, carrega a marca da cura que Deus operou em minha vida e na das minhas filhas, além de milhares de mulheres que têm sido impactadas e curadas pelo Senhor por meio da minha história. Fora isso, minha mãe também amava esse nome. Nada é por acaso!

Nas próximas páginas, você verá o relato da minha autobiografia, escrito de maneira simples, mas revelando o grande poder de Deus e o que ele pode fazer se você somente permitir e der espaço para o Espírito Santo trabalhar. Confesso que precisei de muita coragem para revelar tudo o que relatei aqui, mas apesar de resistir inicialmente à exposição, optei por obedecer à impressão que o Espírito Santo colocou em meu coração.

Enquanto trabalho nesta terceira edição, doze anos após a primeira publicação da obra, coleciono milhares de relatos e testemunhos de cura emocional em mulheres que, ao ler este livro, tiveram suas memórias desbloqueadas e perceberam a necessidade de sair de suas gaiolas à medida que se identificavam com minha história.

Uma história de cuidado, proteção, livramentos, resgate, libertação, cura e restauração é o que você encontrará no decorrer da leitura. Desde menina, eu sabia que fui chamada para servir e resgatar vidas para o Senhor, só não imaginava como seria esse processo, que foi muito doloroso, mas necessário. Eu saí da minha gaiola e espero que você saia da sua também.

Que Deus abençoe a sua vida grandemente e que este livro seja instrumento de cura nas mãos de Deus Pai, mas que também motive você a alcançar tantas outras vidas para Jesus, porque fomos chamadas para isso.

Com carinho,

Roberta Sara

CAPÍTULO 1

O início de tudo

“EU NÃO SOU
O QUE ME
ACONTECEU,
SOU O QUE
ESCOLHO ME
TORNAR.”

(CARL JUNG)

Uma vida de milagres, é assim que defino a minha história. Desde quando eu era pequena, uma menina indefesa, o Senhor me guardou, ainda que as garras do pecado estivessem presentes. Em alguns momentos, chego a imaginar que ele deve ter desviado o olhar para não ver as coisas ruins que aconteciam comigo, mas sem me desamparar em momento algum. Não acredito que Deus "permita" que crianças sofram tantas dores e traumas emocionais, mas que ele deu o livre-arbítrio a cada ser humano, que o usa como quer. Infelizmente, a humanidade está cativa e prisioneira do pecado, e esse pecado tem perpetuado feridas através de traumas emocionais por gerações.

Quando pensamos em nossa história, é importante considerarmos também a de nossos pais, assim entenderemos melhor o motivo de alguns sofrimentos existirem em nossa vida.

Minha história começou com a da minha mãe, que, por sua vez, teve início com a da minha avó materna. Ela morreu muito jovem, com quarenta e poucos anos de idade, vítima de câncer. Deixou nove filhos — sendo minha mãe a sétima, com apenas nove anos — e meu avô, que era alcoolista e não tinha condições de cuidar dos filhos. Os menores foram os que sofreram mais, por não terem onde morar. Conta-se que minha mãe passou por várias casas e orfanatos, até ir morar com uma irmã em São Paulo e passar uma temporada com outra irmã no Rio de Janeiro.

Uma vida de milagres, é assim que defino a minha história.

Em São Paulo, sua irmã morava ao lado da casa de um rapaz pelo qual minha mãe era apaixonada. Eles tiveram um "rolinho", mas nenhum compromisso assumido. Aos 16 anos de idade, fazendo sempre a ponte aérea entre São Paulo e Rio de Janeiro, ela começou a trabalhar como garçonete em um famoso restaurante na Barra da Tijuca, em 1980. Nesse mesmo ano, engravidou de mim.

Ela disse que o pai do bebê era seu "ficante" de São Paulo, mas ele não acreditou muito nisso, pois como ela vivia entre uma cidade e outra, que garantias ele teria de que eu era mesmo sua filha? Mas a mãe desse rapaz sempre foi uma mulher de bom coração e gostava bastante da minha mãe; como eram vizinhas em São Paulo, ela deu o carinho e o amor de que minha mãe tanto precisava, estendendo-lhe as mãos diversas vezes. Talvez pela ligação emocional com a mãe, o rapaz concordou em me registrar, mas deixou claro que ele e minha mãe não ficariam juntos, pois já estava em outro relacionamento. Pouco depois, casou-se com essa namorada, construíram uma família e estão juntos até hoje.

Minha mãe passou praticamente toda a gravidez no Rio de Janeiro, e foi lá que eu nasci. Segundo a **história contada por ela até os meus 11 anos de idade**, quando eu tinha dois meses, viemos para São Paulo para eu ser registrada por meu pai. Todo mundo achou estranho eu ser um bebê tão grande e desenvolvido com apenas dois meses (eu já sabia até me sentar!), mesmo assim ele cumpriu com a sua palavra e me deu um nome. Eu fui registrada com a data de nascimento de 3 de julho, data que minha mãe informou ao cartório; vale ressaltar que antigamente não era necessário o papel do hospital para que o registro de nascimento fosse feito.

Voltamos então para o Rio de Janeiro. Alguns meses depois, minha mãe me levou para ficar com minha avó (mãe desse "pai" que me registrou). Pediu que ela cuidasse de mim e disse que seria por um tempo, até que ela se ajeitasse e tivesse condições de me pegar de volta. Fiquei com minha avó até os cinco anos de idade, e poucas são as lembranças de ter contato com minha mãe nesse período. Meu pai também não era presente. Ele nunca conseguiu se conectar comigo. Eu o via apenas em almoços de família, mas não interagíamos.

REENCONTRO COM A MINHA MÃE

Nesse tempo, minha mãe foi alcançada por Jesus, e creio que o desejo de consertar sua vida, a começar pela relação com a filha, brotou em seu coração. Minha avó tinha outra religião, e esse foi um fator determinante para que minha mãe me levasse para morar com ela outra vez. De tempos em tempos, eu passava as férias na casa dessa avó e, às vezes, via meu pai com sua família e filhos, porém ele sempre teve pouco contato comigo.

Apesar da boa vontade no coração, infelizmente minha mãe ainda não tinha nenhuma estrutura emocional, familiar ou financeira para me abrigar com ela. Muitas vezes, não tinha sequer onde morar, então algumas pessoas lhe ofereciam ajuda, acolhendo-me em suas casas até que ela tivesse condições de me buscar. O problema é que essa "ajuda" sempre vinha repleta de sujeira, marcas e rejeições. Assim, fui crescendo sem nenhuma referência familiar, sem uma figura paterna, e minha mãe não se fazia presente.

Nesse tempo, minha mãe foi alcançada por Jesus, e creio que o desejo de consertar sua vida, a começar pela relação com a filha, brotou em seu coração.

Às vezes, surgia a oportunidade de eu ir morar com ela, mas estar junto dela era sempre um desafio. Como mãe solo[1], ela precisava se virar para obter recursos financeiros. Meu pai nunca a ajudou com nada. Ela trabalhava muito e quase não tínhamos tempo para estar juntas.

1. O termo "mãe solo" é amplamente utilizado para designar mulheres que são inteiramente responsáveis física, emocional e financeiramente pela criação de seus pequenos.

Em uma dessas oportunidades de morar com minha mãe, fomos para São Vicente, cidade que fica no litoral de São Paulo, na casa de uma família na qual ela era empregada doméstica. Eu ficava o dia todo em uma escola que prestava ajuda a filhos de mães solos, mas dormia com a minha mãe na casa em que ela trabalhava. Sua patroa não gostava de crianças, então, muitas vezes, minha mãe e a filha de sua chefe me escondiam no quarto da moça. Não podia sair daquele quarto para nada, senão minha mãe corria o risco de ser demitida; para me entreter, usava minha criatividade para reproduzir cultos e pregações que via na igreja que frequentávamos. Lembro-me de fazer o culto do início ao fim com os ursos de pelúcia e bonecas dessa moça: eu abria o culto, orava, cantava, pregava, pedia oferta e até "expulsava os demônios" dos ursos (risos), exatamente como via na igreja.

Talvez o meu esconderijo tenha sido descoberto, porque, de uma hora para outra, minha mãe foi demitida e fomos morar no centro de São Paulo, em uma grande congregação evangélica da qual ela fazia parte. Moramos alguns meses ali, enquanto ela trabalhava como secretária oficial do presidente da igreja. Tenho lembranças de dormir nas cadeiras de lá algumas vezes. Penso que minha mãe tenha demorado para se estabilizar financeiramente e, diante dessa situação, levou-me para morar com uma irmã dela. Ali começou um longo percurso de grande dor e abandono em minha vida. Não tínhamos morada fixa em lugar nenhum, e cada hora eu estava com alguma pessoa ou família estranha que buscava "ajudar" a minha mãe.

O TERROR DOS ABUSOS

Foi quando eu tinha cinco anos de idade que os abusos sexuais começaram a ocorrer em minha vida. Não consigo lembrar ao certo tudo o que sofri, onde exatamente aconteceu cada caso e em que ordem, mas sei que os abusos iniciais foram constantes e se deram por dois anos seguidos.

Um deles foi com um namorado que minha mãe teve. A mãe dele cuidava de mim, e quando ela saía, ele me obrigava a ir para a laje da casa, em um lugar alto, onde ninguém podia ver. Ele dizia que tinha uma surpresa para me dar, mas que eu só ganharia se o obedecesse. Então ele me sentava entre as suas pernas e começava a mexer nas minhas partes íntimas e, enquanto isso, me ameaçava: "Não conte nada para sua mãe nem para a minha, senão elas vão morrer. Fora isso, se não fizer o que estou dizendo, não vou dar o presente que tenho para você. E mesmo que ignore o que estou falando e conte tudo, elas nunca acreditarão em você". Então, tomada por um medo paralisante, eu apenas obedecia. No fim dos toques nojentos e palavras horríveis ditas ao meu ouvido, ele me dava doces ou presentinhos.

Eu não entendia nada do que aquilo representava, não tinha conhecimento sobre certo e errado e, na minha inocência, achava que devia pagar aquele "preço" para ganhar alguma coisa de alguém. Também sentia muito medo de contar aquelas coisas para a minha mãe. Eu tinha pavor daquele homem, mas ela nunca soube o que ele fez comigo.

Depois desses repetidos episódios de abusos, fui morar na casa de um casal que minha mãe conhecia, isso porque ela havia terminado com aquele rapaz por algum motivo qualquer. Eu não tenho nenhuma lembrança da minha mãe me visitando durante o tempo que morei nessa casa. Talvez tenha sido um período em que ela estivesse morando longe. Também não me lembro de ela ter me apresentado a esse casal e de ter me explicado que eu ficaria com eles por um tempo. Apenas me lembro de ser deixada lá, sem explicação alguma nem uma despedida.

Esse casal tinha uma filha de 15 ou 16 anos de idade. O pai trabalhava com van escolar e se tornou um dos meus abusadores. Todas as tardes, quando a sua esposa e a filha não estavam na casa, ele me chamava para os fundos do quintal. Se fechar os olhos, posso me lembrar nitidamente de todo o cenário. Havia um banco enorme de madeira (como esses de refeitório de escola); então ele me colocava em cima do banco para que eu ficasse mais próxima à altura dele e começava a se aproveitar de mim. Eu não queria fazer nada do que ele me pedia e chorava desesperadamente, mas ele me dizia: “Se não fizer isso, coloco você na rua. Você não tem onde morar, esse é o pagamento para ficar aqui”.

> ***Sem contato com alguém de confiança, eu me via obrigada a fazer o que ele pedia para não ser colocada na rua.***

O que eu podia fazer? Não tinha como falar com minha mãe ou com qualquer outro familiar; não existia telefone fixo de fácil acesso naquela época, muito menos telefone celular. Sem contato com alguém de confiança, eu me via obrigada a fazer o que ele pedia para não ser colocada na rua. Creio que minha mãe nunca imaginou que esses abusos aconteciam comigo, senão com certeza teria dado um jeito de me resgatar.

ONDE ESTÁ MINHA MÃE?

Lembro de noites frias e solitárias naquela casa. Muitas vezes, eu dormia encolhida com medo, sentindo-me extremamente sozinha e desprotegida. As noites eram intermináveis. Eu me perguntava onde estaria minha mãe e ficava sempre na expectativa de que ela aparecesse e me "salvasse". Não me lembro da mãe daquela família que me deu abrigo ser uma mulher doce ou acolhedora. Eu sentia a falta de um colo para me deitar e de um porto seguro para me acalmar.

Algum tempo depois, a filha desse homem passou a abusar de mim também. Ela me beijava, fazia coisas que não ouso citar aqui de tão nojentas que eram, além de sempre me ameaçar, caso eu contasse para a mãe dela. Creio que essa moça apenas reproduzia o que também sofria com o pai. Afinal, é provável que ele abusasse dela também.

Nesse tempo, eu vivia com medo e angustiada. Só queria que minha mãe retornasse para me tirar dessa situação. Mas não posso julgá-la. Ao longo do meu processo terapêutico, aprendi a pensar nela com bastante carinho e empatia, entendi que ela era apenas uma mulher tentando sobreviver a tudo o que também havia sofrido.

Todos os dias, eu continuava a esperar por minha mãe, e, passado um longo período, ela conseguiu um emprego de caixa em um bom supermercado, próximo à casa de outra irmã na zona leste de São Paulo. Assim, finalmente, pude morar com ela de novo, abrigada pela família da minha tia.

OS BULLYINGS

Nessa nova casa, ninguém abusou de mim sexualmente, mas emocionalmente. Meus primos me maltratavam bastante, um me batia muito e o outro vivia me aterrorizando com frases do tipo: "sua mãe vai te abandonar", "vou te jogar na lata do lixo para o lixeiro te levar", "você é chata demais", "ninguém gosta de você". Tudo isso gerou uma grande distorção de valor e de identidade em mim, destruindo ainda mais meu senso de valor e autoestima.

Quando eu estava na segunda série, um primo específico sempre me levava à escola. Lembro-me de passarmos por um muro bem alto e extenso, onde ele me erguia em seus braços e ameaçava me jogar lá dentro dizendo que era um hospital de louco, que eu ia ficar presa lá para sempre e nunca mais veria minha mãe. Eu gritava e chorava desesperadamente, e ele ria, divertindo-se. A verdade é que eu chorava praticamente o tempo todo, até quando não estavam fazendo nada comigo, vivia com medo de tudo e de todos. Outro primo fez até uma "musiquinha" zombando de mim e me apelidou de "chora-chora". Todos naquela casa me chamavam assim. Eu era motivo de muitas risadas para eles.

Hoje eu sei que era coisa de menino, de primo que gosta de provocar. Ele não tinha a intenção de me aterrorizar de verdade nem devia imaginar que aquilo fosse contribuir para me destruir pouco a pouco por conta das marcas que essa "brincadeira boba" deixou. O problema é que o efeito desse *bullying* se somava aos diversos traumas que tinha vivido antes.

Um tempo depois, minha tia, seu esposo e os quatro filhos se mudaram para uma cidade do interior de São Paulo e deixaram que eu, minha mãe e dois irmãos dela morássemos ali até ela vender o apartamento. Graças a Deus, meus tios eram cristãos e nunca mexeram comigo nem me ameaçaram; um deles até foi usado grandemente pelo Senhor para apresentar Jesus para toda a família. Minha mãe se converteu a Cristo justamente por causa de uma fita de música que ele lhe havia enviado.

Nessa época, eu ia para a escola e depois ficava sozinha, pois todos trabalhavam o dia inteiro. Lembro-me de ter desenvolvido TOC (Transtorno Obsessivo Compulsivo), e algumas pessoas zombavam de mim, devido ao meu comportamento "estranho". Eu vivia querendo manter tudo extremamente limpo e arrumado. Um dos rituais era entrar em cada cômodo e olhar para a disposição dos móveis e das coisas para conferir se estavam em ordem. Dizia frases repetitivas como: "está tudo arrumadinho... tudo arrumadinho".

Esse ritual era tão intenso que eu sentia necessidade até de sapatear, enquanto passava as mãos no rosto e no corpo, dando um suspiro de alívio, como se estivesse limpando alguma sujeira do meu corpo. Outro estranho ritual que eu fazia era procurar algo que pensava ter perdido. Eu olhava fixamente para um lugar e ficava com "cara de louca", procurando por alguma coisa (eu nem sabia o que era). Tinha apenas a sensação de ter perdido algo que precisava achar. Também costumava lavar as mãos compulsivamente e esfregá-las com força.

Uma prática que se repetia diariamente era falar sozinha, em voz alta, quando estava indo para a escola. De repente, vinha um pensamento: "será que eu tranquei a porta?", e isso me fazia voltar umas dez vezes para conferir se havia mesmo trancado a porta de casa. Falava comigo mesma: "é, eu cheguei lá e a porta estava trancada, mas eu usei a chave para conferir e a abri outra vez, será que eu tranquei de novo?". Às vezes, já estava na porta da escola e pensava: "ai, meu Deus, e se meus tios ou minha mãe chegarem, e a porta estiver aberta? Vou apanhar!", então corria e voltava lá para ver se a porta tinha ficado aberta, porém **todas** as vezes estava fechada.

No meu processo de cura, entendi que o TOC era uma tentativa de aliviar a pressão e a energia psíquica acumuladas devido aos abusos sofridos. Na verdade, por causa daquelas mãos sujas que me tocaram indevidamente, tudo o que eu queria, ainda que inconscientemente, era me limpar (por isso lavava as mãos de modo compulsivo), arrumar aquela bagunça que existia na minha alma (por isso queria "tudo arrumadinho") e trancar a porta (por isso conferir dezenas de vezes se estava trancada) para que aqueles que me fizeram mal nunca mais entrassem e levassem mais nada. Eu havia perdido algo muito precioso, que era a minha inocência! Por isso procurava desesperadamente "não sei o que". Minha inocência, essência, identidade, pureza e infância tinham sido roubadas.

Além de enfrentar essas questões em minha mente, seguia batalhando para lidar com as pessoas ao meu redor. Esse apartamento em que morávamos ficava em um conjunto habitacional, e na parte da tarde eu brincava com as meninas do prédio; não demorou muito para que elas percebessem que eu era "medrosa e bobinha". Por isso, aproveitavam para me submeter a situações humilhantes e rir de mim.

No meu processo de cura, entendi que o TOC era uma tentativa de aliviar a pressão e a energia psíquica acumuladas devido aos abusos sofridos.

Havia uma menina em especial que era muito má. Ela me fazia de "escrava", mandava eu buscar água no meu apartamento para ela beber (sendo que estava sentada na frente do apartamento dela); quando eu chegava com o copo de água, ela dizia: "Tá quente, quero gelada, volte lá e pegue outro". Se eu trazia a água gelada demais, ela jogava tudo no chão, ali na minha frente, e gritava comigo: "Sua burra, não sabe nem pegar um copo de água!". As outras meninas viravam a cara para mim por causa dela e ameaçavam me bater; eu tinha pavor delas, muitas vezes me mandavam ajoelhar e pedir perdão (não sei do que) para que elas voltassem a falar comigo, e assim eu fazia.

Em todo momento, vinham pessoas para me trazer medo, pavor ou ameaças. Lembro-me de que um dos maiores temores que tive, nessa fase, foi quando essa menina má dizia que tinha um espírito dentro dela chamado "pingo d'água", e tudo que ele lhe mandasse falar para eu fazer, eu tinha de obedecer, senão ele iria matar a minha mãe.

Como eu frequentava igrejas com minha mãe e via as pessoas caindo endemoninhadas — o que já me causava muito medo —, eu realmente acreditava que aquela menina tinha o espírito dentro dela. A garota achava engraçado brincar desse jeito comigo justamente porque sabia que eu ia à igreja e tinha medo "daqueles espíritos", mas talvez ela não tivesse noção do que aquela brincadeira poderia causar em mim.

Às vezes, nós estávamos conversando e, do nada, ela começava a falar grosso, mudando a voz, e dizia que era o espírito chegando. Eu vivia tão aterrorizada que achei que ia enlouquecer, tinha medo de ir até o banheiro sozinha, meu coração estava sempre acelerado, com uma enorme sensação de medo. Havia uma janela na cozinha do apartamento, e era preciso passar por ali para ir ao banheiro; essa janela tinha a vista para o lado de fora do prédio, onde havia um morrinho com árvores e grama, e à noite essa parte ficava bem escura. Como não tinha cortina, toda vez que eu passava da cozinha para o banheiro ou para o quarto, eu olhava para a janela e dava um tchau "para a menina". Na verdade, não havia ninguém ali, mas eu pensava que, caso ela estivesse escondida me observando e eu passasse sem olhar para ela ou sem lhe cumprimentar, o "espírito" se vingaria de mim durante a noite.

Outras vezes, eu me escondia e fingia que não tinha ninguém em casa quando ela ou outras meninas iam me chamar para "brincar". Mas a menina má falava com a voz grossa: "Eu sei que você está aí, eu posso ver, eu estou aí do seu lado". Eu chorava, arrepiada, aterrorizada, saía de onde estava escondida e abria a porta, então ia brincar do que elas quisessem. Quase tudo que elas faziam era para me amedrontar, sempre zombavam de mim e se divertiam com a situação. Hoje, sei que essas "brincadeiras" de muito mau gosto são, na verdade, o famoso *bullying*. E como sofri de pavor, angústia e horror! Com tanta pressão e sofrimento psíquico, eu me sentia enjaulada em uma gaiola emocional.

O PORÃO

Um dia, as meninas foram longe demais com aquelas "brincadeiras" maldosas. No prédio, existia um porão escuro e cheio de entulhos, e as crianças tiveram a infeliz ideia de me trancar lá dentro. Todas me pegaram à força e me empurraram, jogando-me naquele porão; eu gritava, chorava, pedia socorro, porém ninguém me ouvia. Fiquei lá a tarde toda. Estava muito escuro, mas pelo pouco que eu podia ver, por um pequeno feixe de luz, dava para ver muita bagunça e sujeira.

Eu estava apavorada, lembro-me como se fosse hoje de todos os detalhes das horas de horror que vivi naquele porão, que mais parecia um calabouço. Perto da hora da minha mãe chegar, elas me tiraram de lá e me ameaçaram: "Não conte para sua mãe! Se contar, nós vamos falar que você está louca! Todo mundo vai falar o contrário e dizer que você está inventando essa história". Então a menina má dizia: "E fique feliz, pare de chorar, senão sua mãe vai desconfiar". Eu obedecia, colocando um sorriso fingido no rosto. Enquanto eu estava lá no porão, só ouvia as risadas e gargalhadas das crianças se divertindo com essa "brincadeira". Além de ter medo, também me senti muito humilhada. Que grande terror psicológico vivi naquele dia interminável.

A METRALHADORA E O CARANDIRU

Um tempo depois, minha mãe começou a namorar um rapaz e, passados dois anos, eles ficaram noivos e decidiram se casar; esse foi o plano até ela descobrir que ele já era casado com outra mulher e era pai de três filhos. Para piorar, minha mãe tinha uma relação muito boa com a mãe desse homem e, por esse motivo, vivíamos na casa dela participando de reuniões familiares e tudo o mais. Por incrível que pareça, toda a família dele a enganou sobre a outra família que ele já tinha havia anos. Arrasada, decepcionada, desiludida e sem chão, ela ficou extremamente vulnerável e foi presa fácil para o próximo plano de Satanás.

A "quase futura sogra" da minha mãe tinha outro filho, que estava preso na penitenciária do Carandiru. Ele foi punido com uma pena muito longa, por conta de grande maldade e crimes que havia cometido; era um dos cabeças de organizações criminosas e havia matado muita gente. Inocentemente ou não, a mãe dele pediu que a minha fosse visitá-lo para "evangelizá-lo". Minha mãe gostava muito de falar de Jesus, então atendeu ao pedido dela. Mas indo lá, após algumas visitas, acabou caindo no papo malandro dele e se apaixonou.

Tenho lembranças muito claras e vivas desse doloroso período. Ela ia visitá-lo todos os domingos, então na sexta-feira já começavam os preparativos de comidas. Lembro-me de que ela costumava chegar bem cansada do trabalho e mal conversava comigo; nós não tínhamos uma boa relação de mãe e filha.

No sábado, logo cedinho, íamos à feira para comprar as coisas fresquinhas para ele. Então, ela passava o dia inteiro preparando sobremesas, comidas salgadas, sucos naturais, tudo para ele. Coisas que nunca tinha feito ou comprado para mim. Quando tudo estava pronto, já era mais de onze horas da noite e ela ia dormir, pois acordava às duas da madrugada para ir à fila de visita na cadeia e, pasme, várias vezes me levava com ela. Ele não era meu pai, eu não entendia por que eu tinha de ir com ela, porém obedecia.

Eu não precisava passar por aquilo, mas a minha mãe não tinha muita noção sobre o quanto essas ações eram estratégias do inimigo para me marcar. Naquele tempo, não se falava sobre vida emocional e o impacto das nossas ações sobre a vida dos filhos. Sendo assim, íamos lá e ficávamos horas na fila, na madrugada fria, com um monte de outras mulheres de todos os tipos e lugares. Apesar de tudo, creio que algumas sementes da Palavra de Deus foram lançadas ali por minha mãe. Esse é meu consolo!

Quando abriam os portões, as filas se dividiam para a conferência das comidas e para a revista corporal. Lembro-me das cenas até hoje: as agentes carcerárias abriam as comidas que minha mãe tinha passado o dia anterior fazendo com tanto carinho e capricho; elas destruíam tudo furando para ver se tinha drogas ou armas dentro dos alimentos. Depois disso, íamos para a revista, minha mãe tinha de tirar toda a roupa e agachar três vezes até o chão, onde havia um espelho; eu não sabia por que aquilo era necessário, pois tinha apenas dez anos, mas participava daquele momento humilhante e marcante. Ao menos eu não precisava agachar acima do espelho, mas as agentes também me revistavam. Uma vez, eu estava com um colar de bonequinha e arrancaram a cabeça dela para ver se tinha drogas lá dentro, e isso me deixou muito triste, mesmo sendo o menor dos males.

> ***Apesar de tudo, creio que algumas sementes da Palavra de Deus foram lançadas ali por minha mãe. Esse é meu consolo!***

Sempre que fazíamos essas visitas, entrávamos pelos pavilhões afora, passando por uma série de homens mal-encarados até chegar à cela do namorado da minha mãe. Quando ela queria se relacionar mais intimamente com ele, pedia para eu sair dali e aguardar no pátio, porque ela queria "namorar". Assim, eu ficava do lado de fora, sem conhecer ninguém, com os outros presos e suas famílias. Hoje vejo a poderosa mão de Deus que me guardou em todo o tempo.

Isso se deu por algum tempo. Certo dia, minha mãe disse que aquele homem havia aceitado Jesus, e por conta disso pediu que ela se desfizesse de uma metralhadora. Então ela simplesmente me mostrou o armamento e perguntou o que devia fazer com aquilo: jogar fora ou vender? Eu disse: "Destrua isso, mãe, assim não vai matar mais ninguém". A arma era enorme e me causava muito medo, então ela deu um fim na metralhadora, não sei como, mas deu. Ainda morávamos no apartamento da minha tia nessa época, o que estava prestes a mudar.

A REVELAÇÃO DA MINHA VERDADEIRA HISTÓRIA

Minha tia vendeu o apartamento, e assim fomos morar em um cômodo que minha mãe havia construído nos fundos da casa da mãe desse namorado dela que visitávamos na prisão. E foi lá, na sala da casa dessa mulher, aos meus 11 anos de idade, que tive uma grande revelação sobre a minha verdadeira história.

Nesse dia, eu tinha acabado de voltar da casa da minha avó, onde passara as férias. Estava muito chateada e triste, pois vi meu pai ser carinhoso com minha irmã (eu tinha uma irmã que era quase da mesma idade que eu), e senti muitos ciúmes deles. Então, cheguei chorando e dizendo para minha mãe: "Por que ele não me ama? Por que mal fala comigo e trata os outros filhos de um modo diferente de mim? Por que não se preocupa comigo? Por que nunca está presente?".

Então, minha mãe, comovida com o meu sofrimento, disse: "Não precisa ficar chorando por causa dele, ele nem é o seu pai verdadeiro. Seu pai é um homem para o qual eu trabalhei em um restaurante lá no Rio de Janeiro. Eu tinha apenas dezesseis anos, e quando ele soube que eu estava grávida, deu dinheiro para eu abortar; eu tentei fazer isso, mas não funcionou. No desespero, disse que você era filha daquele outro rapaz, afinal, a mãe dele, sua avó de criação, era muito boa comigo, e pensei que ela pudesse me ajudar a criar você. E tem mais: você não nasceu no dia 3 de julho, como está no seu documento, sua verdadeira data de nascimento é o dia 3 de maio. Se quiser comemorar, a partir de agora, na data certa, a gente comemora". Pronto, simplesmente acabou assim aquela conversa que mudou a minha vida.

Com apenas 11 anos de idade, eu não tive a maturidade suficiente, nem recursos emocionais, muito menos estrutura psíquica para entender, assimilar ou dar conta daquela história toda. Por um momento, achei até que fosse brincadeira da minha mãe, sei lá; porém a conversa ficou gravada no meu inconsciente. Nunca mais falamos nesse assunto, e assim seguimos a vida.

A FUGA, OS RECOMEÇOS, OS SONS IRRITANTES E A SURRA

A certa altura, aquele namorado dela que estava preso ficou muito doente. Eu não sabia o que era, só ouvia alguns comentários entre os adultos; diziam que ele iria morrer e que minha mãe também já tinha a doença, mas eu nem imaginava o que seria.

Por causa da doença terminal, conseguiram uma liberação jurídica para ele morrer em casa. Entretanto, não sei o que houve, talvez um desalinhamento de informações, e um dia soubemos que a polícia vinha prendê-lo. Lembro-me de que saímos correndo daquela casa, fugindo pela porta dos fundos, chegamos a pular muros para que a polícia não o achasse. Que aventura tenebrosa e assustadora! Não é à toa que desenvolvi ansiedade disfuncional.

Fomos morar em uma cidade um pouco distante de onde estávamos. Ali vivíamos eu, minha mãe e aquele homem. Eu tinha muito medo dele, por causa da arma que minha mãe tinha trazido e das histórias que ela contava, falando das coisas que ele havia feito antes de ser preso.

Com mais essa mudança, conheceria também uma nova escola. Era muito difícil para mim cada recomeço, pois vivíamos mudando e eu passava seis meses em uma escola, dali a pouco íamos para outro lugar; teve ano que estudei em mais de quatro escolas diferentes e, como eu era bem tímida e medrosa, levava um tempo para me ambientar. Quando estava me acostumando e começando a fazer amizades, mudava outra vez e começava tudo de novo. Era uma vida de cigana, como eu dizia para minha mãe.

Dessa nova casa não tenho boas lembranças; nós três dormíamos no mesmo quarto, e eu ouvia todas as noites minha mãe e o namorado tendo relações sexuais, ouvia tudo mesmo, e isso me deixava com muita raiva. Eu não queria escutar aquilo, então colocava o travesseiro nos ouvidos, mas, como estávamos no mesmo ambiente, não adiantava muito. Um dia, minha mãe apanhou feio dele, ficou com o rosto e o olho roxos e inchados... depois desse episódio, nós voltamos a morar na casa da mãe dele.

Rapidamente, o estado de saúde dele foi piorando. Ele ficou tão magro que não pesava nem quarenta quilos, minha mãe o carregava no colo para cima e para baixo, porque ele não tinha mais forças para andar, até que, um dia, morreu nos braços dela. Quero crer que, pelo menos, ele tenha se arrependido e recebido a salvação de Jesus nos últimos momentos de vida.

HÁ ESPERANÇA

Entendo perfeitamente como, diante de situações controversas e desafiadoras, podemos ser tentados a desanimar e crer que o Senhor está distante. É realmente difícil, por exemplo, acreditar que crianças enfrentem situações tão dolorosas como as que descrevi. Quando olho para trás, até eu mesma me surpreendo por ter sobrevivido a tudo isso e sei que inúmeras outras pessoas viveram casos semelhantes. Mas uma coisa posso afirmar com certeza: "onde abundou o pecado, superabundou a graça" (cf. Romanos 5.20).

Essa história não foi contada para chocar ou parecer sensacionalista, meu objetivo é trazer uma mensagem de esperança. Esperança em Cristo, no recomeço, em um novo amanhã e em uma nova história. Afinal, a Bíblia nos garante que Deus faz novas todas as coisas (cf. Apocalipse 21.5), suas misericórdias não têm fim e se renovam a cada manhã (cf. Lamentações 3.22-23). Por isso, não importa quão grande seja a tempestade que temos de enfrentar, se crermos no Senhor e obedecermos aos seus mandamentos, viveremos eternamente ao seu lado, onde não haverá mais luto, pranto ou choro (cf. Apocalipse 21.4,7).

Ao longo da vida, aprendi a crer que toda tempestade traz consigo a promessa de um novo amanhecer. O alívio vem justamente quando olhamos para frente com confiança, certos de que Deus, em sua infinita bondade, está nos guiando para águas tranquilas. Pode ser que tenhamos vivido situações extremamente pesadas, e provavelmente ainda teremos de encarar novos desafios, mas nada disso jamais será maior que a graça do que está por vir (2Coríntios 4.17).

Uma coisa posso afirmar com certeza: "onde abundou o pecado, superabundou a graça".

CAPÍTULO 2

Uma fase desafiadora

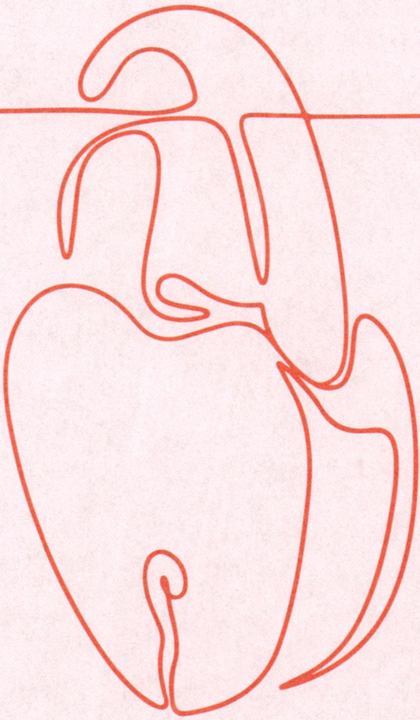

"AS COROAS ESTÃO SEMPRE REPLETAS DE ESPINHOS."

(THOMAS BROOKS)

Após o falecimento daquele homem, fomos morar em outra cidade, onde havia uma igreja americana que realizava um trabalho de recuperação de dependentes químicos. Fomos morar dentro da casa de recuperação, pois como minha mãe era líder das mulheres, deram-lhe esse suporte. Nós nos envolvemos bastante com aquela igreja, especialmente porque eles tinham um trabalho forte de evangelização. Íamos para as praças públicas entregar panfletos, fazíamos cultos por lá, e eu gostava muito de trabalhar para a obra do Senhor. O engraçado é que eu era supertímida, mas quando se tratava de falar do amor de Deus e evangelizar, não tinha vergonha. Até escrevia letras de rap e cantava com um interno da casa de recuperação, formávamos uma dupla: Roberto e Robertinha.

Eu gostava muito de levar palavras de salvação às pessoas necessitadas. Tocadas pelo Espírito Santo por meio daquelas músicas, muita gente aceitava Jesus como Senhor e Salvador. Eu também participava da equipe de louvor da igreja, afinal, sempre gostei muito de adorar; eu e minha mãe íamos a muitos shows gospel, e eu amava. Enfim, vivi momentos bons naquele curto tempo, porque servir ao Senhor sempre me deu muita alegria. Desde aquela época, eu já sentia que tinha um chamado para falar do amor de Deus, do que Jesus pode fazer se a pessoa, simplesmente, permitir. Fui batizada nessa igreja aos 11 anos de idade.

Nesse mesmo tempo, existia um rapaz que gostava muito da minha mãe, ele também trabalhava na igreja e queria muito namorá-la. Tenho boas lembranças dele, era um rapaz trabalhador, bacana, engraçado e que me tratava com respeito. Ele nos levava ao cinema, e eu queria muito que eles namorassem, pois via a possibilidade de ter uma "família normal", o que me deixava muito feliz.

Servir ao Senhor sempre me deu muita alegria. Desde aquela época, eu já sentia que tinha um chamado para falar do amor de Deus.

Mas minha mãe tinha um defeito muito grande — hoje sei que era vício emocional, falta de amor-próprio e uma postura de autossabotagem —, ela sempre escolhia os piores homens para se relacionar e acabou desprezando aquele rapaz. Pouco tempo depois, envolveu-se com um interno da casa de recuperação que era bem mais velho do que ela. Ele havia sido preso, mas estava em liberdade condicional, por isso era obrigado a permanecer ali, para diminuir sua pena.

A CHEGADA DA MINHA IRMÃ

Alguns meses depois de iniciar esse relacionamento, minha mãe se casou com ele, pois estava grávida da minha irmã. Eles discutiam muito, e eu presenciava várias brigas bem violentas. Quando faziam as pazes, o cenário também era complicado, pois eu era obrigada a ouvir as relações sexuais deles, que eram bem barulhentas. Eu pensava: "Será que minha mãe não se preocupa comigo?", fora que uma série de distorções sobre as relações conjugais iam se formando em minha mente. Achava aquilo um absurdo e me sentia desrespeitada, porém não sabia o que fazer.

Um pouco antes de a minha irmã nascer, mudamo-nos para uma cidade do interior de São Paulo, no fundo da casa de outra tia materna. Logo que a minha irmã nasceu, bem na época do Natal, minha mãe chegou a casa e me disse: "É seu presente de Natal, eu a fiz para você cuidar". Por mais que eu estivesse muito feliz com a chegada dela, já que queria uma irmãzinha, achei estranho aquilo que minha mãe disse. Só mais tarde iria entender que aquelas palavras eram mais do que verdadeiras.

Realmente, era eu quem cuidava da minha irmãzinha: eu acordava de madrugada para preparar mamadeira (pois minha mãe não pôde amamentá-la), eu lhe dava banho, também trocava, lavava e passava suas fraldas (que naquela época eram de pano), dava comida, fazia-a dormir e tudo mais. "Eu era mais a mãe dela do que nossa própria mãe", era o que todo mundo notava e dizia. Foi bem desafiador assumir toda essa responsabilidade com apenas 12 anos, mas penso que minha mãe sabia que poderia morrer a qualquer momento, então estava me preparando para esse tempo.

Um fato é que ela vivia de modo desregrado, o que nos levava a passar por situações complicadas. Um exemplo é que eu tinha de sair com minha irmã de casa, em plena tarde, durante a semana, para irmos à casa da minha tia, simplesmente porque ela queria "namorar". Minhas tias ficavam abismadas com essa atitude. A hora que fosse, se lhes dava vontade, tiravam-nos de casa para terem relações. Acredito que hoje, muito provavelmente, minha mãe seria diagnosticada com alguma patologia, no mínimo uma sociopatia[1] ou bipolaridade.

Minha mãe tomava medicações todos os dias, mas eu não sabia qual era sua doença nem perguntava. Como ela era uma mulher muito autoritária, eu tinha medo; já havia apanhado muito, sem motivo, então não a questionava em nada. Lembro-me de que, quando eu era criança, ela chegou a jogar café quente em cima de mim. Se brigava com o namorado, ou se estava de mau humor, usava-me para descontar a raiva; minutos depois, arrependia-se e pedia desculpas. Eu ficava muito brava, porém sempre dizia que a desculpava, porque tinha medo de demonstrar o que sentia e apanhar ainda mais. Talvez por esse motivo eu não tenha tido coragem de questionar e conversar mais a fundo sobre minha verdadeira história.

---

1. Transtorno de personalidade que leva as pessoas a serem impulsivas na busca do prazer, não conseguindo sentir empatia pelos outros. Não sentem culpa nem remorso, nem compreensão clara do impacto de suas ações na vida dos outros.

LOBO EM PELE DE CORDEIRO

Mudamos então para uma casa grande alugada. Meu padrasto não trabalhava e minha mãe tinha um bom emprego em uma grande instituição bancária, só que ela estava afastada havia alguns anos por causa de sua doença. Quando minha irmã fez um aninho, houve uma grande festa nessa casa. Vieram meus amiguinhos da igreja e fizemos uma apresentação musical para homenagear a pequena aniversariante, foi muito bom.

No entanto, na hora de cortar o bolo, minha mãe fez um discurso que me deixou intrigada. Ela começou a dar um testemunho sobre a vida da minha irmã, dizendo que ela era um milagre, que Deus a havia livrado de uma doença grave e que ela mesma também tinha sido curada depois de receber uma sentença de morte. Eu não sabia qual era "aquela doença" que minha mãe tinha, mas não perguntei, pois temia que brigasse comigo. Depois desse dia, eu percebi que ela havia parado de tomar as medicações diárias e doado todos os frascos de remédios para a igreja.

Nessa fase, uma filha do meu padrasto com outra mulher também morava conosco; ela era um pouco mais velha que eu e se divertia em me maltratar. Logo que chegou, percebeu que eu era bobinha e tirava proveito, levando-me a reviver algo parecido com o que eu tinha sofrido na infância. Lembro-me de que, na hora de lavar a louça, ela me mandava tomar a água suja que estava na panela misturada com sabão. Ela dizia assim: "Toma essa água agora, senão te dou uma porrada".

Apavorada, eu ia me preparando para beber e, quando a água suja encostava na minha boca, ela dizia: "Não, sua tonta, não precisa beber não, só queria saber se você tem medo de mim e me obedece".

Paralelamente a essas vivências em casa, íamos à igreja toda semana. Havia o grupo de jovens que eu amava frequentar. Eu era bem envolvida com o ministério de artes, participava de acampamentos e ações de evangelização. Houve uma época em que minha mãe foi líder desse grupo, então sempre tinha adolescentes em casa pedindo conselhos a ela, que gostava muito de servir, ajudar os outros e falar do amor de Deus. Nesse ponto, ela foi um verdadeiro exemplo para mim. Ali, naquele grupo, o Senhor me deu a base de aprendizados que depois ele mesmo me trouxe à memória.

O problema maior era quando minha mãe não estava em casa. Isso porque o meu padrasto mandava a filha dele me chamar para me dar "um abraço". Eu dizia: "Não! Por que ele quer me abraçar?". Ela tentava me convencer a atender seu pedido: "Por favor, ele está pedindo, só um, rapidinho, não tem nada de mais, é só uma brincadeira". Como eu tinha muito medo de que ela me batesse, eu fazia o que estava me pedindo.

Então ele me abraçava, colocando-me de costas para ele e pressionava todo o corpo contra o meu. Esses abraços eram obrigatórios todos os dias, ele dizia que era uma "prenda" que eu tinha de pagar, e, com muito medo, eu obedecia. Isso foi se intensificando, e ele começou a apalpar meu corpo. Aquilo me incomodava muito e era realmente repugnante, mas tinha pavor de dizer qualquer coisa para alguém e apanhar.

Eu sentia um grande peso por "aceitar" a situação, pois, além de lidar com toda pressão e abuso, o Diabo me fazia acreditar que eu era culpada nessa história.

Nunca tinha recebido nenhuma instrução, da minha mãe ou de qualquer outra pessoa de autoridade em minha vida, sobre como nosso corpo deve ser preservado para o ato conjugal. A verdade é que eu não sabia ao certo o que era aquilo que ele estava fazendo comigo. Naquela época, não ensinavam sobre sexualidade nem mesmo nas escolas, então me faltavam informações básicas sobre como me prevenir de abusos. Minha mãe só dizia: "É pecado, é pecado 'namorar' antes de se casar", sendo que ela usava a palavra "namorar" para definir a relação sexual. Fato é que eu era totalmente ignorante e inocente a respeito desse assunto.

Mesmo sem clareza quanto ao que ocorria de fato, sentia-me sempre angustiada e sabia que havia algo errado naquilo tudo. Também me sentia bastante confusa, pois quando minha mãe se casou com meu padrasto, enchi-me de esperança de que teria uma família de verdade. Meu sonho sempre foi ter uma família normal, com pai, mãe e irmãos. No início, ele me tratava superbem, como uma filha. Ele me pegava no colo e me dava atenção. Mas, aos poucos, foi se revelando um lobo na pele de cordeiro. E o pior é que minha mãe nem imaginava que ele tinha esse lado nojento e doentio.

Aquilo me incomodava muito e era realmente repugnante, mas tinha pavor de dizer qualquer coisa para alguém e apanhar.

Eu gostava muito de sair com minha mãe, porque quando não saíamos, ela me deixava em casa cuidando da minha irmã; e como o meu padrasto não trabalhava, aproveitava a ausência dela para abusar de mim. Ainda que os passeios com minha mãe fossem lavar o salão ou os banheiros da igreja, limpar e arrumar todas as cadeiras, eu obviamente preferia fazer isso com ela a ter de passar pelos abusos. Além do mais, eu sentia que era o único momento de conexão que eu tinha com ela, e no fim passávamos um tempo gostoso servindo a Deus.

Enquanto servíamos, ela conversava muito comigo sobre as coisas do Senhor, e às vezes até dividia um pouco da sua história, como quando me contou que se prostituiu por um tempo, antes de se converter, por falta de recursos. Por quanta coisa ela passou! Eu não a culpo pelas muitas falhas que cometeu comigo, porque ela também havia sofrido muito, não teve pai ou mãe presente em sua vida, e sei que ela me ofereceu o melhor que pôde. Entendo que boa parte de sua repressão sobre mim era feita com a intenção de me proteger e evitar que eu sofresse o mesmo que ela.

Quando minha mãe se casou com meu padrasto, enchi-me de esperança de que teria uma família de verdade. Meu sonho sempre foi ter uma família normal, com pai, mãe e irmãos.

Passado um tempo, a filha do meu padrasto voltou a morar com a mãe, mas o que ela ajudou a estabelecer continuava acontecendo, e de forma cada vez mais intensa. Mudamos para um apartamento, e, como eu dormia sozinha em um quarto, ele começou a entrar lá nas madrugadas. Eu costumava cair em um sono pesado, mas às vezes acordava assustada, sentindo que alguém mexia em mim. Quando eu abria os olhos, via-o sair correndo só de cueca do meu quarto. Isso acontecia todas as noites, só que eu não tinha dimensão do que essas práticas representavam. Às vezes, eu dizia para minha mãe que ele entrava no meu quarto à noite, mas ele dizia que eu estava vendo coisas, sonhando, ou que ia apenas me cobrir, por conta do frio. Ela não se movia para investigar o caso.

Nessa situação, praticamente qualquer coisa que eu fizesse poderia gerar complicações para mim, mesmo os mais bobos interesses da adolescência. Eu tinha uma prima que gostava muito de dançar e, como toda adolescente, queria aprender aqueles passinhos incríveis dos anos 90. Pedi a ela que me ensinasse, apesar de eu não levar o menor jeito para a coisa. Então, ela gravou uma fita cassete para que eu pudesse treinar em casa. Como minha mãe não me deixava ouvir músicas que não fossem cristãs, muito menos dançar, eu escondia a fita e só colocava para tocar quando não havia ninguém em casa.

Um dia, eu estava fazendo faxina no apartamento, ouvindo essa fita e dançando sozinha, feliz da vida como nunca antes, até que meu padrasto chegou e viu a cena. Ele disse: "Arrá, deixa sua mãe e a pastora saberem disso". Eu gelei na hora, fiquei apavorada, com medo de ele contar para minha mãe e ela me bater, além de ficar decepcionada comigo. Nessa ocasião, ele viu uma grande oportunidade de se aproveitar de mim, e disse: "O preço para eu não contar é que agora vai ter abraço por baixo da blusa e do sutiã".

Com medo de o "meu grande pecado" de dançar uma música pop ser exposto, cedi às ameaças e coerções dele. A partir de então, aquelas mãos sujas e nojentas me apertavam com força e violência. Cada vez que ele me chamava, meu coração disparava, minhas mãos ficavam geladas e um medo muito grande tomava conta de mim. Por muito tempo, ele usou essa estratégia maligna, ameaçando e impondo medo para obter o que desejava.

A NOITE FATÍDICA

Meu padrasto seguia fazendo aquelas visitas noturnas ao meu quarto, e eu continuava a reclamar com minha mãe sobre isso. Mas quando ela o questionava, ele dava as mesmas desculpas de sempre, com a maior cara de pau. Assim foi até a noite fatídica!

Certo dia, acordei pela manhã com meu short cortado em toda a região íntima; levei um susto e, imediatamente, mostrei aquilo para minha mãe, dizendo: "Olha, mãe, o que o Diabo fez comigo enquanto eu dormia". Acredite! Na minha ignorância, eu achava de fato que tinha sido algum espírito mau que fizera aquilo diretamente comigo, não que tivesse usado o meu padrasto para fazê-lo.

Mas logo que viu aquele short cortado, minha mãe disse: "Não acredito que isso está acontecendo, foi mesmo, minha filha, o Diabo, mas em pessoa". E então começou aquele rebuliço em casa. Ela chamou a pastora, logo chegou mais um monte de gente, e minha mãe mandou que eu esperasse com minha irmã fora do apartamento, até que ela me chamasse. Eu não estava entendendo nada. Até que ela me chamou, alguém ficou com minha irmã e, ali naquele quarto, na frente da pastora, daquelas outras pessoas e do meu padrasto, ela me disse: "Tanto que eu tentei te proteger para que não acontecesse com você o que tinha acontecido comigo, mas não teve jeito".

Então ela me revelou que também tinha sido abusada quando era adolescente e que a mesma coisa aconteceu comigo. Tudo começou a fazer sentido: aqueles apertos, os toques nojentos, as visitas nas madrugadas, as ameaças. Acho que, naquele momento, minhas defesas baixaram e pude entender o que estava por trás daquelas ameaças e "abraços" obrigatórios. Eu não podia acreditar que o homem a quem eu chamava de "pai" tinha feito aquilo comigo. Chorei de raiva, chorei de dor, mas também chorei de alívio; imaginei que o terror psicológico teria fim, afinal, ele havia sido desmascarado. Pensei: "Meu Deus, acabou, ela vai colocar ele para fora de casa, estou livre, isso nunca mais vai mais acontecer!".

Entretanto, para a minha surpresa, minha mãe me disse: "Agora é você quem vai decidir se eu devo perdoá-lo e continuar com ele ou colocá-lo para fora de casa". Ela falou sobre a importância do perdão, mas não se preocupou muito com nossa proteção. Inconformada, mas sem ter coragem de enfrentar minha mãe, muito menos de expor a minha opinião sobre qualquer assunto, eu disse: "Você é quem sabe, mãe, se a Bíblia ensina a perdoar, tudo bem, e se quiser continuar vivendo com ele, por mim tudo bem também, eu só quero ver você feliz". E não é que ela continuou com ele mesmo? Que raiva! Pelo menos, depois disso, eu tinha um respaldo para me manter afastada dele.

Nesse tempo, minha mãe perdeu a licença do trabalho, pois alegavam que o exame havia dado negativo para a doença que a mantinha afastada das atividades. Voltando a trabalhar, pedi a ela que me deixasse ficar com minha irmã na casa de uma tia, pois eu não poderia mais estar sozinha com aquele homem. A esse pedido ela atendeu. Ufa! Em partes, estava livre de mais abusos. Como contei, logo na infância fui colocada em uma gaiola emocional, e levei anos para conseguir sair dela. Na minha "mochila" já tinha as pedras da rejeição e do abandono, então vieram mais pedras de abusos.

O ADOECIMENTO DA MINHA MÃE

Alguns meses depois, minha mãe adoeceu, começou a sentir fortes dores na coluna e a ter dificuldade para andar. Seu dia a dia se tornava cada vez mais difícil, e ela teve de ser afastada do trabalho novamente. Quando ela pedia ajuda para o marido, ele xingava muito, humilhava-a, dizia que ela não prestava para mais nada.

Houve uma cena que me marcou bastante: ela não gostava de depender de ninguém, e como o marido a tratava de forma tão violenta, ela foi sozinha tomar um remédio na cozinha; de repente, ouvi um grito desesperado de socorro, ela havia caído e não conseguia mexer as pernas para se levantar. Eu saí da cama e fui correndo para tentar socorrê-la, mas como ela era muito pesada, eu não conseguia erguê-la, então ficamos ali esperando a boa vontade dele em ajudar. Quando ele chegou, disse: "Você não presta nem para andar agora?". Aquela cena me chocou demais! Como um marido não ajuda a sua esposa quando ela mais precisa?

Enquanto estavam juntos, ele não trabalhou em momento algum e dependia dela financeiramente, mas não soube demonstrar a menor gratidão à minha mãe. Depois daquele dia, ela nunca mais andou e foi direto para o hospital, onde ficou internada por cinco meses. Eu passava todos os dias cuidando dela no hospital, chegava às oito horas da manhã e saía às dezoito, indo direto para a escola, enquanto minha irmãzinha ficava na casa de uma tia. Nessa época, eu tinha 14 anos de idade e cursava o primeiro ano do ensino médio.

Todos, até minha mãe, diziam apenas que ela estava com câncer; de fato estava, mas ainda existia outra doença, ainda mais grave, que a impedia de se recuperar. Ela sofria muito com as sessões de quimio e radioterapia, havia perdido os movimentos da cintura para baixo, seus braços já não tinham mais forças nem para se alimentar, e tudo o que ela menos desejava era estar naquela situação de dependência. Eu tinha de fazer tudo por ela ao longo do dia. À noite, as irmãs e o marido (que não queria ficar no hospital) revezavam para cuidar dela. Muitas vezes, eu chegava de manhã e ela estava triste, sozinha, porque quando era a noite de ele permanecer ali, ia embora assim que amanhecia.

Mesmo passando por tudo isso, minha mãe se mostrava forte quando alguém ia visitá-la. As pessoas iam lá para lhe dar força, mas saíam fortalecidas por ela, que falava sempre do amor de Deus, do caminho para a salvação que é Jesus, da fé e da esperança; todos ficavam impressionados com a sua fé. Ela evangelizou muita gente naquele hospital e entendia que o que estava passando era consequência das escolhas que havia feito. Sua doença real foi fruto de uma escolha. Parar de tomar os medicamentos também foi uma escolha.

Pude entender um pouco melhor a situação ao saber qual era essa enfermidade. Um dia, quando eu estava saindo para ir à escola, o marido dessa tia que cuidava da minha irmã me chamou de canto e disse: "Você tem de saber a verdade sobre a doença da sua mãe, até porque você está correndo graves riscos ao cuidar dela. Não acho justo sua mãe e suas tias esconderem isso. A verdade é que, além do câncer, ela também tem AIDS, que pegou daquele homem presidiário com quem namorou, e se prepare porque ela vai morrer, e logo corrigir...".

Eu mal podia acreditar naquela dura revelação, meu mundo caiu! Fiquei sem chão e chorei desconsoladamente. Um filme começou a passar na minha mente, eu me lembrava daquele homem com quem minha mãe tinha se relacionado na cadeia, das "suspeitas conversas" entre ela e a família dele, de quando ouvia por alto que ela também tinha aquela doença, de como ele morreu. Vieram à tona várias lembranças, que passaram a se encaixar, e tudo fez sentido em minha cabeça.

Lembrei também das conversas que ela tinha com o marido, meu padrasto, da gestação da minha irmã, que foi diferente, do hospital onde ela nasceu (que era especialista nisso), do fato de a minha mãe não ter amamentado a minha irmã, do testemunho de cura dela no primeiro aniversário, de ter parado de tomar as medicações e adoecer pouco tempo depois. Meu tio disse que minha mãe não queria que eu soubesse, mas, como eu cuidava dela, sem proteção, ele não achava isso certo.

No dia seguinte, quando fui para o hospital, não consegui falar nada para minha mãe; o medo de que ela brigasse comigo era maior do que qualquer coisa, eu não compreendia por que ela não me dissera a verdade, só que não questionava. Porém, passei a tomar mais cuidado na hora de fazer os procedimentos em que pudesse ter contato com o sangue dela. Eu inventei, por exemplo, que queria brincar de ser enfermeira, justificando assim o fato de querer usar luvas.

> ***Mesmo passando por tudo isso, minha mãe se mostrava forte quando alguém ia visitá-la. As pessoas iam lá para lhe dar força, mas saíam fortalecidas por ela, que falava sempre do amor de Deus.***

Certa vez, lembro-me de que peguei um algodão com sangue pela pontinha limpa (porque eu estava sem luvas e não tinha muito conhecimento em relação ao contágio da doença), e ela me disse, brava: "Está com medo do quê?". Temi que ela descobrisse que eu já sabia da doença, e disse: "Nada, mãe". Hoje percebo que ela teve várias oportunidades de me contar a verdade, mas não o fez.

Assim seguimos até que, um dia, o médico dela entrou no quarto e me viu fazer um procedimento sem luvas. Indignado, disse para minha mãe: "Como deixa sua filha cuidar de você sem luvas? Sem se proteger? Quer que ela seja contaminada também? Ela é muito nova e tem muito o que viver ainda, você devia ter contado a verdade desde o início, tenho certeza de que ela não ia deixar de te amar, nem de cuidar de você por causa disso". E me disse com todas as palavras, ali, na frente dela: "Sua mãe tem AIDS, é contagioso através do sangue, da ferida aberta que ela tem, então, a partir de hoje, você está proibida de realizar qualquer procedimento nela sem luvas". Imediatamente, pediu várias caixas de luvas para a enfermagem e disse: "Quando estiver acabando, peça mais".

Ele teve de ser bastante duro com minha mãe, porque a equipe de enfermagem havia lhe informado que eu não tinha a doença, e ela permitia que eu cuidasse de seus ferimentos sem proteção. Para mim, foi um alívio ele ter feito isso, porque foi só a partir daquele momento que eu pude me precaver sem ter de inventar desculpas para não a magoar. Assim que o médico saiu do quarto, achei que ela iria conversar comigo, explicar-se ou ao menos pedir desculpas, porém a única coisa que ela disse foi: "Não liga para o que ele fala não, ele é bobo, isso não é verdade"; não à toa, acredito que ela tinha algum distúrbio psíquico. Enfim,

É provável que minha mãe tivesse muita vergonha de expor a doença, fruto visível de seus erros, afinal, ela sempre me dizia que tudo era pecado e era bastante rígida comigo.

mais uma vez, não tive coragem de confrontá-la, e nunca mais tocamos no assunto.

É provável que minha mãe tivesse muita vergonha de expor a doença, fruto visível de seus erros, afinal, ela sempre me dizia que tudo era pecado e era bastante rígida comigo. Também é possível que não soubesse como me contar esse fato por falta de maturidade ou medo de que eu me afastasse dela, julgasse-a, ou, quem sabe, até me rebelasse. Os motivos podem ter sido os mais diversos, mas não posso negar que tive de lidar com inúmeras questões complicadas em meu processo de cura, pelo qual, graças a Deus, pude passar mais tarde. Acontece que, depois daquele episódio, ela ficou muito abalada emocionalmente, e houve uma piora em seu estado de saúde.

ÚLTIMOS MOMENTOS

Uma das últimas lembranças que tenho com minha mãe foi no Dia das Mães. O médico havia constatado que lhe restavam poucos dias de vida, por isso a liberou para passar aquele domingo comigo e com minha irmã. Nós estávamos morando com minha tia, e então todo mundo se reuniu lá na casa dela em um superalmoço.

Minha mãe sempre foi a pessoa que preparava as festas de família; fazia as comidas, decorava a casa e era a mais animada entre os irmãos, então quisemos caprichar para agradá-la. Quando ela chegou do hospital, em cadeira de rodas, eu e minha irmã a esperávamos com um buquê de rosas, depois nos abraçamos, desejamos feliz Dia das Mães e choramos. Acho que esse foi o último momento lúcido dela em que estivemos juntas.

Ela estava muito mal e sentia dores intensas, nem a morfina resolvia mais. Nenhuma posição a deixava confortável, por isso ela pedia para que a movimentassem, só que seu marido foi perdendo a paciência, até que, uma hora, ela pediu que ele a levasse do sofá para a cama, e ele a jogou com toda a força e estupidez, falando vários palavrões, xingando-a e brigando. Foi assim que acabou o resto de fé e força que ainda restava dentro de seu coração, ela perdeu a esperança de ser curada e se entregou de vez. Desistiu de lutar pela vida e veio a falecer dez dias depois desse episódio.

Nos últimos dias que antecederam sua partida, ela se apressou em resolver a papelada que envolvia as questões legais da nossa guarda. Minha mãe não queria de jeito nenhum que seu marido ficasse conosco, e seu último pedido para mim foi que eu e minha irmã nos mantivéssemos juntas. Então, permanecemos na casa da minha tia, ela era a pessoa mais adequada para cuidar de nós naquele momento.

Três dias antes de morrer, minha mãe estava muito agitada por causa das medicações e das dores e chegou a ter uma série de alucinações. Uma hora ela falava coisas do dia a dia, como se estivéssemos em casa: "Olha sua irmã, não deixa ela cair", ou "Vê se a cebola que está na panela não está queimando", e, brava, dava ordens. Outra hora, ela falava que via ruas de ouro, um mar de cristal e que era lindo o lugar para onde estava indo. Escutando aquelas coisas, fiquei apavorada, com medo de ela morrer naquele instante, então liguei para minha tia e pedi que viesse ao hospital.

Quando ela chegou, eu dei um beijo na testa da minha mãe, fiz carinho nos poucos cabelos que ainda lhe restavam, e esse foi nosso último momento juntas, só que ela já não estava lúcida. No dia 23 de maio de 1996, ela se foi, e fiquei sem rumo, senti que havia perdido tudo o que eu tinha, porque mesmo com todos os erros e defeitos, minha mãe era minha companheira. Eu estava com 14 anos de idade na época. Logo depois, o pai da minha irmã vendeu todos os móveis da casa para pagar dívidas de drogas e voltou para a cidade dele, pois estava sendo ameaçado pelos traficantes. Eu e minha irmã ficamos sob a tutela da nossa tia mais velha.

Minha mãe não queria de jeito nenhum que seu marido ficasse conosco, e seu último pedido para mim foi que eu e minha irmã nos mantivéssemos juntas.

TENSÕES E PARTIDA PARA NOVOS COMEÇOS

Quando minha mãe ainda estava viva, comecei a namorar um rapaz aprovado por ela. Aos poucos, fui percebendo que ele era abusivo, muito enciumado e violento. Ele sempre me ameaçava de morte caso eu o deixasse. Certo dia, porém, descobri que ele usava drogas, então decidi terminar a relação, mesmo com medo, pois estava determinada a não repetir nem de longe os mesmos erros da minha mãe.

Só que não foi fácil me desvencilhar dele. Passei a ser perseguida por um homem quando ia à escola à noite, ele chegou a me ameaçar, com uma arma, para que eu voltasse com aquele rapaz. Com muito medo de acontecer o pior, decidi passar as férias na casa da minha avó, aquela que havia me criado quando pequena. Diante de todo o meu relato de pressão psicológica e ameaças do meu ex-namorado, além da perda recente da minha mãe, meus tios, madrasta e primas (minha família de criação) incentivaram-me a mudar para lá. Eu confesso que gostei muito da ideia, já que tinha uma irmã, uma prima e uma tia, todas quase da mesma idade, vivendo uma "vida normal" de adolescentes; era tudo o que eu queria naquele momento.

Quando voltei das férias, fui logo falando para minha tia materna que iria me mudar para a casa da minha avó. Mas ela não gostou nem um pouco da ideia e ficou muito brava, afinal, eu que cuidava da minha irmã e agora ela teria de assumir essa responsabilidade. Ela me disse: "Você vai morar com gente que não é sua família, você não tem o sangue deles, a sua família está aqui". Novamente, veio à tona a história de o meu pai não ser meu pai verdadeiro.

Algo novo estava prestes a acontecer e mudar todo o rumo da minha história.

Porém, como eu não tinha muita clareza sobre essa história, queria ter uma nova vida e estava com bastante medo de morrer por causa das ameaças do meu ex-namorado, fui embora. Eu literalmente precisava fugir! Mesmo assim, a culpa e o peso de deixar minha irmãzinha com minha tia, e não atender ao desejo da minha mãe, me acompanhavam o tempo todo. Eu só pensava na incumbência que ela tinha me dado de ficarmos juntas, e aquele peso me massacrava.

Enfim, em julho de 1997, eu me mudei para Barueri, cidade da Grande São Paulo. Porém, metade de mim ficou lá, minha irmã, eu a amava demais, como uma mãe ama uma filha, afinal, eu tinha cuidado dela desde seu nascimento. Todos os meses, uma vez por mês, eu viajava sozinha para vê-la. Voltava de lá chorando, sentia culpa, remorso e peso por não estar obedecendo à ordem que minha mãe havia me deixado, e isso me fazia muito mal. Mas algo novo estava prestes a acontecer e mudar todo o rumo da minha história.

CAPÍTULO 3

Novos começos

“NÃO IMPORTA O QUE FIZERAM COM VOCÊ. O QUE IMPORTA É O QUE VOCÊ FAZ COM AQUILO QUE FIZERAM COM VOCÊ.”

(JEAN-PAUL SARTRE)

Após a mudança, passei a morar com minha avó de criação, mas como ela tinha uma chácara no interior de São Paulo, passava mais tempo por lá do que em sua casa. Meu pai, minha madrasta e seus filhos moravam em uma casa que ficava no quintal da minha avó, então, na ausência dela, surgiu a oportunidade de eu morar com eles. Com isso, imaginei que haveria uma chance para meu pai e eu nos conhecermos melhor, mas ele viajava o mês todo a trabalho e raramente estava em casa. Por ele ser uma pessoa bem reservada, não evoluímos em nosso relacionamento de pai e filha. E por mais que eu tivesse sido bem recebida em sua casa, não me sentia parte da família.

Eles eram muito unidos, afinal, meus irmãos viveram com o pai desde que nasceram, tinham histórias para contar e bastante intimidade, como uma família comum deve ter. Já eu estava chegando aos 16 anos de idade, lidando com o luto da minha mãe e o peso de ter deixado minha irmãzinha com a tia. Então a verdade é que eu não conseguia me encaixar, sentia como se tivesse caído de paraquedas ali, entre quatro irmãos homens e uma irmã, sem ter muita proximidade com nenhum deles.

Na escola, tímida como eu era, enfrentei mais uma vez o desafio de fazer novas amizades. Já não frequentava a igreja e estava caminhando na direção contrária ao que minha mãe havia me ensinado. Um ponto que ganhou destaque nessa fase foram as relações amorosas. Até aquele momento, eu tinha tido um único namoro, bem conturbado, e na escola nunca havia sido a garota que chama atenção dos meninos, talvez por me achar feia e ser extremamente introspectiva. Na verdade, costumava ser rejeitada por todos.

Mas, sendo novata na cidade, notei que a curiosidade dos rapazes foi aguçada e alguns se interessaram por mim. Isso mexeu com minha autoestima, e eu acabei cedendo às investidas daqueles meninos. Só que logo me decepcionei, porque percebi que nenhum deles queria assumir um compromisso sério comigo, e passei a me sentir bastante desvalorizada.

Nessa mesma época, quando saía com minhas primas para alguns lugares que jovens costumavam frequentar, eu sempre pensava: "O que estou fazendo aqui? Esse não é o meu lugar". Mas antes que me afundasse ainda mais nesse mundo de fantasias e desilusões, Deus agiu me apresentando um rapaz que sabia como tratar bem uma moça. Ele é meu esposo há décadas e foi um grande instrumento de cura em minha vida.

Tudo começou em um dia em que eu estava voltando da escola. Parei para conversar com minhas primas e, de repente, um rapaz muito simpático apareceu. Esse moço ficou encantado com o meu sorriso e me elogiava sem parar, como nunca ninguém havia feito antes. Ele se apresentou a mim, mas eu nem lhe dei muita bola. Então se passaram alguns dias, e as pessoas já vieram me dizer que ele tinha ficado bem interessado em mim. Nas semanas seguintes, ele começou a achar maneiras de se encontrar com meus familiares para tentar convencê-los de que era um bom partido para mim.

Em uma bela tarde, um lindo buquê de rosas chegou à minha casa; eu fiquei toda empolgada, pois nunca tinha recebido flores como aquelas antes. Quando li o cartão, lá estava o nome do rapaz, mas como eu só o conhecia pelo apelido, eu não o identifiquei. Minha irmã disse de quem era aquele nome, e, mais uma vez, eu não dei muita importância, até porque estava interessada em outro rapaz, um que não queria nada sério comigo. Diga-se de passagem: há coisas que a gente se arrepende bastante na vida, e o meu envolvimento com esse outro homem, que não me valorizou, é uma delas.

A verdade é que aquele moço gentil ainda não havia me conquistado, só que minha madrasta me ajudou a pensar melhor a respeito dele quando disse: "Nossa, Rô, que romântico, esse rapaz deve ser bem apaixonado por você. Larga a mão de ser boba, de ficar sofrendo por quem não quer nada com você! Vai lá, agradece o rapaz das flores e conversa com ele. Vai ver quais são as intenções dele". Eu pensei: "É, por que não?". Quando fui agradecê-lo, fiquei encantada com a educação e a sinceridade que via em seus olhos. Ele queria um relacionamento sério comigo, e era exatamente isso o que eu estava buscando nas pessoas erradas. O Paulinho era muito bom de papo e soube se vender bem para mim naquele dia; mas eu, ainda um tanto resistente, disse que iria pensar.

Antes de dormir, refleti muito e decidi que iria dar uma chance para ele, pois eu não queria mais aquela vida de correr atrás de quem não me dava valor. Antes disso, fui "terminar o relacionamento" com o outro rapaz, que me respondeu: "Terminar o quê? A gente não tem nada!". Que humilhação! Mas depois disso me senti livre para aceitar o pedido de namoro do Paulinho. Ele foi em casa, pediu permissão ao meu pai para oficializar o relacionamento, fez tudo como manda o figurino. Paulinho era romântico, paciente, um bom amigo, ótimo ouvinte e muito carinhoso. Ele estava apaixonado por mim, e, aos poucos, meu coração foi se abrindo para ele também.

> ***Fiquei encantada com a educação e a sinceridade que vinha de seus olhos. Ele queria um relacionamento sério comigo, e era exatamente isso o que eu estava buscando nas pessoas erradas.***

Os pais do Paulinho já haviam falecido, a mãe morrera quando ele tinha apenas sete anos de idade e o pai quando ele tinha 17. Ele estava com 20 anos quando começamos a namorar e morava sozinho; devido a essa facilidade, em pouco tempo ultrapassamos os limites na demonstração de afeto e, em seguida, comecei a desconfiar de que estava grávida. Essa informação chegou aos ouvidos da minha madrasta, que me chamou para conversar; decidimos que seria melhor para mim ir morar com ele, proposta que o Paulinho já havia feito. Aceitei a ideia, pois aquela parecia ser a melhor saída.

No mesmo dia, porém, minha menstruação normalizou (eu sempre tive ovários policísticos, por isso era comum atrasar bastante): eu não estava grávida, mas a decisão já tinha sido tomada. Além da mudança, começamos a preparar uma festa de noivado, só que os outros familiares — minha avó, tio, tia, primas — não entendiam essa decisão. Seja como for, eu até que bom finalmente ter a minha casa. Em apenas sete meses, eu e o Paulinho namoramos, noivamos e nos casamos.

Todos os meses, íamos juntos visitar a minha irmãzinha, e eu voltava arrasada, com o coração partido e o peso da culpa ao ver a situação dela: vivia largada, não tinha limites e não obedecia a ninguém. Minha tia sempre disse que não tinha vocação para ser mãe nem para cuidar de casa. Ao mesmo tempo, meu esposo me pedia muito por um filho, então assim que nos casamos já começamos a tentar uma gravidez. Entretanto, por causa dos meus ovários policísticos, e de outro problema que tínhamos, isso era muito difícil. Todo mês era aquela expectativa e, então, frustração.

Fizemos uma série de tratamentos, e eu orava pedindo a Deus por um bebê todos os dias, até que, um ano e meio depois, engravidei da Amanda. Que alegria! Nesse tempo, a tia que cuidava da minha irmã teve um sério problema pessoal e não pôde mais ficar com ela, assim a pequena Rafa veio morar conosco, com seis anos de idade. Por fim, eu estava cumprindo a vontade da minha mãe, só que a

Rafa não era uma criança fácil de lidar. Como também tinha passado por várias perdas, era rebelde e apresentava algumas questões.

Meu esposo foi o maior incentivador para que assumíssemos a responsabilidade de cuidar dela, afinal, ele sabia que isso era importante para mim e me via sofrendo diante daquela culpa. Além do mais, ele achava que a Rafa precisava de alguém mais rígido com ela para que entrasse na linha. Ele tem uma personalidade forte e tentava discipliná-la com uma postura mais dura, porém esse processo não foi nada fácil. Por vezes, chegamos a nos desentender, eu o considerava autoritário demais e, sem muita sabedoria, defendia minha irmã.

Ainda tivemos de lidar com toda essa situação por um tempo, mas nossa atenção passou a ter um novo foco com a chegada da nossa bebê. Em setembro de 2000, nasceu a Amandinha, linda, pesando 3,450 quilos, com 49 centímetros de altura, saudável e perfeita, uma princesinha. Viver a emoção de ser mãe, depois de ouvirmos que talvez isso nunca fosse possível, é algo surreal, agradecia imensamente a Deus por ter me concedido esse precioso milagre. Meu marido estava nas nuvens, feliz da vida, e me ajudava em todos os processos, como dar banho, trocar as fraldas e colocá-la para arrotar, ele sempre foi um paizão!

Em setembro de 2000, nasceu a Amandinha, linda, pesando 3,450 quilos, com 49 centímetros de altura, saudável e perfeita, uma princesinha.

Quando a Amanda completou um ano, mudamos para Sorocaba, que é a cidade de onde eu tinha vindo. O Paulinho gostava muito de lá, então teve a ideia de montar um comércio na cidade. E algo que eu pretendia fazer era voltar a frequentar a igreja, pois já havia algum tempo que eu sentia muita falta de estar mais próxima de Deus. Com a questão das brigas em casa, sabia que deveria recorrer a ele, e é incrível como o Senhor sempre nos acolhe com misericórdia, ajudando-nos em tudo que precisamos. Eu não sabia, mas ele logo começaria a mudar a nossa história.

O GRANDE MILAGRE

Quando nossa primogênita, Amanda, tinha um ano e sete meses, ela adoeceu gravemente. Estávamos morando em Sorocaba e, como não tínhamos convênio médico, a levamos várias vezes ao hospital público da cidade. Eles, no entanto, mal a examinavam e nos mandavam de volta para casa, sem ao menos fazer uma radiografia; diziam que era apenas uma gripe forte, só que ela tinha febre de mais de 41 graus. Na mesma semana, passamos pelo pronto-socorro três vezes, e seu estado de saúde só piorava.

Na manhã de uma terça-feira, dia 9 de abril de 2002, após uma noite em que nossa pequena não conseguiu dormir nem um pouco e teve muita dificuldade para respirar, resolvemos levá-la a um hospital particular. Pagamos uma consulta para ver se alguém descobriria o que ela tinha. Chegando lá, a médica que a atendeu mandou que a colocassem imediatamente no oxigênio, pois ela já estava desfalecendo devido à baixa saturação[1].

Em seguida, teve de realizar alguns exames. Assim que a doutora os recebeu e analisou, disse para nós: "Era o que eu imaginava: uma pneumonia gravíssima, em estado já bem avançado, com derrame pleural; ela vai ter de passar por uma cirurgia urgentemente, para a colocação de um dreno no tórax e retirada de fluidos e secreções que a estão impedindo de respirar". Perguntou se nós tínhamos convênio, dissemos que não, então ela disse que solicitaria uma transferência para o hospital público da cidade. Meu marido disse: "Não, foi de lá que viemos, e creio que a equipe não teve a conduta correta. Não a examinaram, não fizeram nem uma radiografia e, sem um diagnóstico, a pneumonia foi evoluindo".

Começamos, então, a passar pelo pior momento de nossa vida. Tentamos uma transferência para Barueri, porque tínhamos contato com a direção do hospital de lá, mas a doutora disse que nossa pequena não suportaria a viagem, mesmo não sendo muito longa. Com isso, tivemos noção da gravidade do estado de saúde da Amanda. Então, meu esposo, fortemente instruído pelo Senhor, disse: "Não, ela vai ficar aqui". A médica perguntou: "Você tem certeza? O caso dela é grave, vai precisar de muitos dias de internação, e esse hospital é o mais caro da cidade. Se ela tiver de ir para a UTI, serão mais de mil reais por dia[2]. Como vocês vão pagar por isso?".

---

1. Medida do nível de oxigênio em nossa corrente sanguínea.
2. Essa foi a quantia mencionada em abril de 2002, mas, considerando o valor atualizado, seria hoje um número muito mais alto.

Sem titubear, o Paulinho respondeu: "Eu vendo minha casa se for necessário, mas ela precisa ficar aqui". Assim começou o processo de internação. A médica queria nos ajudar e pediu para montarem uma unidade semi-intensiva no quarto, devido à gravidade da situação e pelo fato de não termos convênio. Avisei sobre o que estava acontecendo a todos os nossos familiares e irmãos da igreja, pedindo que entrassem em oração, pois o caso era gravíssimo.

Realizaram a cirurgia de colocação do dreno torácico, e ela voltou para o quarto toda amarrada, com uma máscara de oxigênio. Era desesperador. Saía tanta sujeira de seu pequeno pulmão que mal dava para acreditar. No segundo dia de internação, a Amanda estava aparentemente respirando um pouco melhor, mas no dia seguinte a médica fez uma pergunta que mudou nossa perspectiva: "Desde quando ela não faz xixi?". Respondi: "Desde ontem à tarde", então a doutora pediu mais alguns exames e avisou que, se ela não urinasse até o fim do dia, teria de ir para a UTI. Porém, disse que, de modo geral, seu quadro era estável.

Eu precisava buscar algumas roupas em casa para continuar no hospital, pois desde o dia da internação não tinha ido me trocar nem pude preparar uma mala. Como alguns parentes nossos estavam no hospital, eles se ofereceram para ficar com a Amanda enquanto íamos buscar nossas coisas. Não levamos mais que uma hora, mas nesse pequeno período ela piorou muito, deixando todos nós bastante preocupados. Dali para frente, seu quadro se agravou ainda mais, ela inchou três quilos em menos de duas horas e teve duas paradas respiratórias.

Havia inúmeros médicos e enfermeiros em volta dela, e ali, diante dos nossos olhos, ela teve uma parada cardíaca. Foi uma cena inesquecível. O desespero tomou conta dos médicos, que se esforçavam ao máximo para não a perder, as enfermeiras estavam literalmente em pânico. Entre paradas e choques, levaram-na corredor afora para a UTI e fecharam a porta dizendo: "Mandaremos notícias". Em seguida, passamos longas, intermináveis, quatro horas sem saber o que estava acontecendo.

De repente, a médica apareceu segurando os brinquinhos dela na mão e os entregou para nós, visivelmente abalada. Naquele momento, caí no chão de joelhos e gritei: "Senhor, tem misericórdia de mim, por favor, não leve a minha filha", mas a doutora disse: "Mãe, ela está viva, ligada nos aparelhos; ela foi e voltou várias vezes, porém conseguimos estabilizá-la. Além da pneumonia, agora ela está com os rins parados, por isso reteve tanto líquido e inchou daquele jeito em tão pouco tempo. Esse líquido dentro dela encharcou os órgãos, e por conta disso aconteceram as paradas cardíacas e respiratórias. Sendo assim, as próximas 48 horas serão cruciais".

A médica explicou que, devido ao fato de a pneumonia ser proveniente de uma bactéria muito forte, eles precisaram introduzir o antibiótico mais potente que existia, e ele entrou como uma bomba no organismo dela, atacando as bactérias, mas também ferindo seus órgãos. Quando o vírus entrou em contato com o antibiótico, houve como que uma "explosão" dentro do pequeno corpo da minha filha, causando um choque séptico — infecção generalizada, aquela que vai para a corrente sanguínea.

Também fomos informados de que ela precisaria de outra cirurgia de emergência, para iniciar o processo de diálise, que eliminaria aos poucos toda aquela enorme quantidade de líquidos. Por fim, a doutora disse: "Só estamos aguardando o cirurgião chegar, não há mais o que fazer. Se você crê em algo, apegue-se a isso, porque as chances de ela sobreviver são mínimas". Então nos mandou embora para casa, mas nós não conseguíamos sair do lugar. Lembro-me da dor que sentimos ao ouvir aquelas palavras, pois nem perto da minha filha eu poderia ficar naquele momento. Um tempo depois, decidimos ir para casa para tomar um banho e depois ir à igreja, pois era uma quinta-feira, dia de culto na congregação que conhecíamos.

Em casa, vi a pior cena de sofrimento que um pai pode viver. Meu marido se jogou na nossa cama, que ficava bem ao lado do berço dela, e desabou, chorando desesperadamente. Ele pegava as bonecas dela, seu paninho de dormir, as cobertas, cheirava e abraçava esses objetos desconsolado. Que cena terrível! Naquele dia, creio que fomos levados para a igreja pelo Senhor, pois mal conseguíamos pensar ou falar, muito menos dirigir. Foi lá, em meio a prantos, dor e desespero, que meu marido se rendeu a Cristo e aceitou Jesus como seu Senhor e Salvador. Toda a igreja clamava pela vida da Amanda.

Se você crê em algo, apegue-se a isso, porque as chances de ela sobreviver são mínimas.

Instantaneamente, Deus lavou nossa alma, retirou todo medo e aliviou a nossa dor. Também nos deu paz e uma fé enorme; ele nos trouxe a certeza de que seria, sim, uma grande provação, mas sairíamos dela com a vitória nas mãos. Todo mundo se mobilizou, várias igrejas faziam correntes de oração em nosso favor. Eu e meu esposo entramos num jejum de 40 dias e íamos todos os dias bem cedo para o hospital, mas ainda não podíamos ficar com ela por muito tempo, só no horário de visita. Mesmo assim, ficávamos plantados na porta da UTI, aguardando qualquer notícia que fosse.

Feita a colocação do cateter no abdômen, iniciou-se a diálise. Como ela era muito pequena, ainda não podia ser submetida à hemodiálise, que é a filtração mais comum, feita pelo sangue, então se fazia pela parte peritonial (cavidade abdominal). Esse procedimento tinha de ser realizado três vezes por semana, enquanto o rim dela não voltasse a funcionar, o que, para os médicos, era praticamente impossível.

O doutor que a operou disse que foi uma cirurgia muito difícil, porque, como o sangue não estava coagulando, devido ao fato de as plaquetas estarem muito baixas, não conseguiam fechar o abdômen dela. Ele chegou a comparar aquela cirurgia à tentativa de andar a cavalo e, ao mesmo tempo, colocar uma linha na agulha. Nessa situação, ela perdeu uma grande quantidade de sangue, tendo de receber inúmeras transfusões. Até uma parte da equipe do Corpo de Bombeiros da cidade mobilizou-se para doar sangue para a Amanda. Era visível como, por mais que as lutas diárias fossem intensas, Deus nos dava vitória dia após dia, muitas vezes agindo por meio das pessoas ao nosso redor.

Por outro lado, houve diversos momentos em que nossa fé foi provada. Um bom exemplo se deu quando perguntamos ao médico se nossa filha voltaria ao normal, e ele nos disse: "É praticamente impossível, considerando a gravidade da pneumonia, mais o derrame pleural e a insuficiência renal aguda, que pode se tornar crônica... só um milagre. E como não acredito em milagres, mas sim no que vejo, não posso nem dizer se ela vai sobreviver, muito menos voltar a ser como antes. Os rins podem não funcionar mais e, na melhor das hipóteses, ela passará a vida assim: tendo de fazer diálise e hemodiálise e, quando completar 18 anos, poderá entrar na fila para um transplante. Terá de ter sorte para não haver rejeição do rim transplantado, porque, se houver, ela pode morrer".

Instantaneamente, Deus lavou nossa alma, retirou todo medo e aliviou a nossa dor. Também nos deu paz e uma fé enorme; ele nos trouxe a certeza de que seria, sim, uma grande provação, mas sairíamos dela com a vitória nas mãos.

Ficamos chocados com tanta frieza e pessimismo, porém Deus falou o seguinte comigo e com meu esposo: "Pare de perguntar para os homens como ela vai ficar. Confie em mim, eu sou o médico dos médicos". A partir daquele momento, não perguntávamos mais nada para médico nenhum. Quando eles nos davam notícias ruins, rejeitávamos suas palavras e colocávamos a situação diante do Senhor, crendo que a resposta final viria dele.

Olhando para a Amanda e para os seus exames, não víamos nenhuma melhora, pelo contrário, a cada dia ela piorava um pouco mais. Contudo, pela fé em Cristo Jesus, nós tínhamos confiança de que Deus iria restaurar por completo a saúde dela. Desde sua entrada na UTI, ela teve de ficar em coma induzido, porque havia sido entubada e estava ligada a vários aparelhos. Não sabemos como a pessoa se sente nesse estágio, mas eu cantava muitos louvores para ela, e em todo o momento nós a chamávamos para a vida. Conversávamos bastante com ela, pedindo que não desistisse de lutar, dizendo que Deus a curaria e usaria sua vida grandemente.

A Amanda até ficava um pouco agitada nos momentos em que conversávamos com ela, tenho a impressão de que isso acontecia porque nos ouvia e tentava reagir de alguma maneira. Eu cantava várias canções do Diante do Trono e, quando estava com ela na UTI, profetizava a canção Águas Purificadoras sobre sua vida, dizendo que, "por onde o rio passasse, tudo iria transformar", transformar a doença em cura, pois "esse rio leva a vida do próprio Deus". Há um grande poder no louvor. Aprendi que, enquanto louvamos, o Senhor age curando, libertando e restaurando.

Algumas semanas depois, os médicos pensavam que já seria possível retirar o tubo respirador; eles me chamaram para ficar com ela na UTI, e comemorávamos mais uma vitória. No primeiro dia, ela apresentou uma boa saturação do oxigênio, mas não conseguia falar, o que é normal quando se passa um tempo entubado. Ela também não podia comer, apenas recebia soro e medicação. Nós nos enchemos de esperança por essa grande evolução, parecia que a partir daquele momento ela só iria melhorar. Mas, de madrugada, sua saturação foi caindo, e ela teve muita dificuldade para respirar, começou a se debater, a ficar agitada e foi inchando mais e mais outra vez.

Pediram para que eu me retirasse da UTI, e ficamos sem notícias por horas, até eles realizarem todos os procedimentos necessários para socorrê-la.

Há um grande poder no louvor. Aprendi que, enquanto louvamos, o Senhor age curando, libertando e restaurando.

Era como se tivéssemos voltado à estaca zero. Porém, nós sabíamos em quem estava a nossa fé, eu seguia louvando e adorando ao Senhor. Continuávamos pedindo a Deus pela cura completa da Amanda e acreditávamos que ele seria capaz de curá-la. Quando a médica veio falar conosco, ela disse: "Meu Deus! Quase a perdemos de novo, foi por um fio! Tivemos de entubá-la novamente, e as próximas horas serão cruciais". Ela nos explicou que nossa pequena teve o que chamam de "edema pulmonar".

Após essa piora, Deus revelou à nossa pastora que ele já havia curado a Amanda, que tínhamos de parar de pedir pela cura dela e começar a agradecer. Pediu que avisássemos a todos que estavam em corrente de oração para entrarem em concordância com as orações de agradecimento. Agora, como agradecer se o quadro havia piorado? Somente pela fé. Começamos a enxergar, com os olhos da fé, nossa filha curada e restaurada, saindo daquele hospital sem sequela nenhuma. Agradecíamos por sua cura enquanto ela estava em coma, sem dar nenhum sinal de melhora. Decidimos confiar no Senhor de todo o coração. Por fé, agradecíamos pelos momentos que ainda viveríamos ao lado dela.

Quando pedíamos para as pessoas agradecerem por sua cura, todos perguntavam ansiosos: "Mas ela melhorou? Já saiu da UTI?". Nós dizíamos: "Só agradeça, Deus pediu para que somente agradecêssemos!", e foi depois desse ato de obediência e de fé que o quadro de saúde da Amanda começou a mudar. Deus colocou pessoas maravilhosas ao nosso lado para nos apoiar em oração, e tenho certeza de que todos puderam testemunhar o poder de clamar com fé.

Na semana seguinte ao episódio de edema pulmonar e desse ato profético, a grande restauração começou. Ela conseguiu produzir e eliminar os primeiros mililitros de urina sozinha, e é engraçado pensar no tanto que um "xixi" foi celebrado. Mas o fato é que Deus, o Todo-Poderoso, o Criador dos Céus e da Terra, foi restaurando e trazendo vida a cada um dos órgãos da nossa pequena. Às vezes, não valorizamos a vida ou nossa saúde simplesmente porque

Agradecíamos por sua cura enquanto ela estava em coma, sem dar nenhum sinal de melhora. Decidimos confiar no Senhor de todo o coração. Por fé, agradecíamos pelos momentos que ainda viveríamos ao lado dela.

nem percebemos que tudo funciona perfeitamente. Porém, não podemos nos esquecer de que isso acontece porque o Senhor permite a cada instante que assim seja.

Dia após dia, ela eliminava mais e mais urina, então eles decidiram tirar o tubo respirador, dessa vez com sucesso e quase 100% de saturação. Aos poucos, liberavam a ingestão de alguns líquidos e alimentos. Lembro-me de que, nos primeiros dias, até que os rins voltassem a funcionar perfeitamente, ela só podia tomar 100 mililitros de líquido por dia, para não haver acúmulo dentro do organismo. A primeira coisa que ela tomou foi 50 mililitros de suco de melancia, e o desespero da Amanda para tomar mais era de cortar o coração. Lembro-me de que eu pegava uma gaze, embebia em um pouco de água e molhava os lábios dela, só para aliviar o desespero que ela sentia por querer tomar algo.

Em uma manhã, ela foi liberada para dar um passeio pelo hospital, mas, como não conseguia andar, veio sentadinha em uma cadeira de rodas. Depois de quatro sessões diretas de diálise, ela havia perdido todo o excesso de líquido, ficou bem magrinha, fraca e abatida. Nessa época, com um ano e oito meses, ela pesava sete quilos. Foi uma cena forte e inesquecível para mim: eu a via naquela pequena cadeira de rodas, com a roupinha do hospital, o dreno do tórax pendurado e outros fios e tubos pelo corpo. Todos que a viam ficavam impressionados. Mas isso também era uma vitória, o fato de ela poder tomar um pouco de sol já era um grande progresso e uma oportunidade para eu falar do milagre que Deus havia realizado.

Alguns dias depois, melhora após melhora, a médica responsável transferiu-a para o quarto, porém os desafios não haviam terminado. Ainda tinha o dreno, a pressão alta, dificuldades para falar e andar. Ela tomava várias medicações, o dreno ficava pendurado no peito e incomodava bastante. Quando ela tentava falar, não saía voz nenhuma, então ficava nervosa e assim aumentava a pressão arterial. Para andar, tinha muita dificuldade, pois seus músculos e nervos ficaram atrofiados por conta do tempo que passou acamada.

Contudo, com paciência e fé no Senhor, víamos sua evolução. Ela foi se alimentando, ficando mais forte, voltando a falar (ainda com muita rouquidão) e, aos poucos, a caminhar segurando em mim. Um dia, passeando pelo hospital, encontramos aquele médico que afirmou não saber se ela sobreviveria. Eu o cumprimentei e disse: "Lembra de nós?". Ele respondeu: "De você eu lembro, mas e essa criança, não vai me dizer quem é?". Eu respondi: "É a minha filha, aquela que precisava de um milagre". Ele continuou: "Isso é um milagre, eu não acreditava nem que ela fosse sobreviver, pela gravidade do caso e pelo que estamos acostumados a ver". Então eu disse: "Acredito no poder de Jesus, ele fez esse milagre, ele é o médico dos médicos, e a última palavra vem dele!".

Em outro dia, falamos com a médica que atendeu a Amanda no dia que chegamos ao hospital. Ela disse: "Tenho de confessar que a melhor decisão que o seu marido tomou foi deixá-la aqui. Se ela tivesse ido para o outro hospital, não teria sobrevivido mesmo, pois não teriam os aparelhos de que ela precisou. Estava torcendo para que a deixassem aqui, onde temos mais recursos". Eu respondi: "Creio que foi Deus quem tomou conta do meu marido naquele momento difícil de decisão".

Mais tarde, vimos o cirurgião que havia colocado o cateter naquela difícil cirurgia, e ele comentou: "O anjo da guarda dessa menina é forte, porque, naquele período crítico, ela estava mais no Céu do que aqui na Terra. Não dá para acreditar no que aconteceu!". E assim Deus me dava diversas oportunidades de testificar o seu grande poder. Ele nos levou a encontrar cada um dos médicos e enfermeiros que cuidaram da Amandinha para compartilhar o grande milagre que ele havia feito.

Então, 40 dias depois de iniciarmos aquele jejum, o médico pneumologista disse: "Hoje vamos tirar o dreno, e vocês podem ir para casa!". Para honra e glória do Senhor Jesus, no dia 20 de maio de 2002, a Amanda saiu daquele hospital sem nenhuma sequela, até a sua pressão já havia se normalizado. Deus é fiel, e quando faz sua obra, a faz por completo. Hoje ela só tem algumas pequenas marcas para lembrar e confirmar esse grande milagre em sua vida.

"Acredito no poder de Jesus, ele fez esse milagre, ele é o médico dos médicos, e a última palavra vem dele!".

Tudo tem um propósito. Na hora da dor, muitas vezes não conseguimos enxergar algo além das difíceis circunstâncias, mas Deus vê o todo, ele enxerga por um ângulo diferente. Por isso, mesmo sem entender, devemos confiar que **todas** as coisas cooperam para o bem daqueles que amam a Deus e são chamados segundo o seu propósito (cf. Romanos 8.28).

Muitas vidas foram alcançadas ao longo de todo esse processo, nós mesmos recorremos ao Senhor na hora em que tudo parecia estar perdido. Agradeço a ele pelo que vivemos, por ter nos fortalecido e sustentado até aqui. Posso dizer que eu nunca, em nenhum momento, questionei a Deus sobre o porquê daquela provação, eu sabia que ele tinha um propósito e que os pensamentos dele eram mais altos do que os meus. Ao sair daquele hospital, fiz um compromisso com o Senhor de falar dele e do seu poder em toda e qualquer oportunidade que tivesse. Eu me comprometi a testemunhar o grande milagre que ele havia operado em minha família.

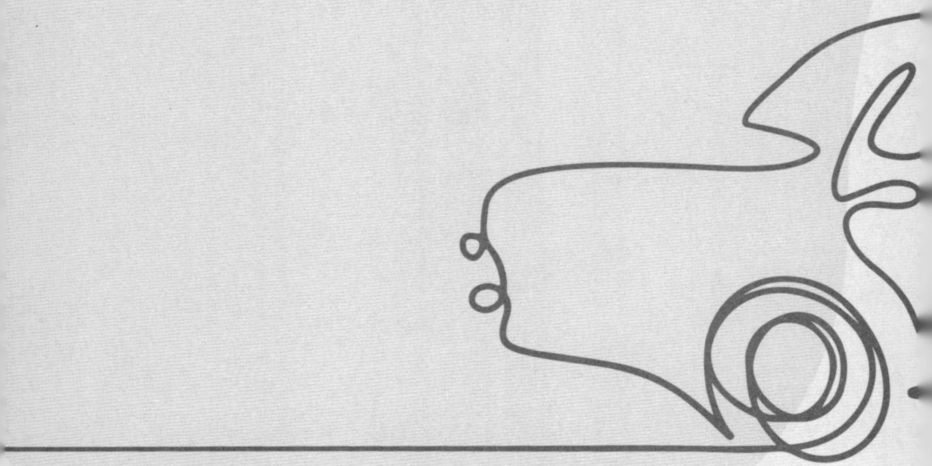

CAPÍTULO 4

Durante a caminhada

QUE HISTÓRIA VOCÊ ESTÁ CONTANDO PARA SI MESMA PARA PERMANECER COMO ESTÁ?

Esse foi só o início do agir de Deus em nossa vida. Em seguida viria uma série de outros desafios, como a situação monetária, mas estávamos sempre acompanhados da poderosa mão do Senhor. Quando saímos do hospital, precisávamos acertar a parte financeira de todo esse tempo de tratamento da Amanda. Quando meu esposo foi fechar a conta, o valor devido era mais de cem mil reais! Isso já seria muito nos dias de hoje, mas imagine em 2002. Tratava-se de uma verdadeira fortuna para nós.

Assim que a Amanda entrou na UTI, já colocamos a casa à venda. Porém, o país passava por uma fase de troca de presidente, e ninguém sabia como a economia reagiria, era um momento em que as pessoas não estavam investindo em nada e seria muito difícil vender a casa. Então, recebemos a proposta de um valor muito inferior ao preço dela, e inferior também ao valor da dívida do hospital. Como não tínhamos outra opção e estávamos desesperados com a cobrança, resolvemos aceitar, achamos melhor dar alguma coisa do que não dar nada. Só que continuávamos devendo.

Sendo assim, voltamos a morar em Barueri, porque, àquela altura do campeonato, não tínhamos mais comércio, devido ao tempo em que ficamos com a Amanda no hospital. Meu esposo largava tudo para passar o dia todo por lá. Quando se enfrenta uma situação como essa, nada mais tem valor, o dinheiro perde todo o poder e nós nem raciocinamos muito bem. É depois da tempestade que paramos para pensar na questão financeira e sabíamos que, em Barueri, seria mais fácil para ele conseguir trabalho, pois lá conhecia muita gente.

Nossa vida financeira costumava ser bem escassa, meu esposo conseguia um emprego e logo saía, passava um tempo e dizia que não tinha se identificado com a empresa. Na verdade, ele tinha dificuldade de seguir regras e imposições por parte de seus superiores. Hoje, entendo que ele era um colérico que ainda não tinha domínio próprio, mas, com a ação do Espírito Santo ao longo dos últimos anos, ele mudou bastante.

Aquele deserto durou um longo período, talvez mais do que deveria. Isso porque não tínhamos uma vida de intimidade com Deus, éramos apenas religiosos e não buscávamos compreender a fundo os motivos de passar por tanta dificuldade em todas as áreas da vida. Sei que sempre passaremos por aflições enquanto estivermos na Terra, mas descobri que é fundamental nos empenharmos para crescer no Senhor em meio aos desafios. Muitas vezes, ele pode nos levar a viver processos em que moldará o nosso caráter, tornando-nos mais parecidos com ele. Nisso, o aprendizado dependerá da nossa rendição e entrega ao Pai.

Mas eu não fazia ideia de que estava em um processo, muito menos em um deserto. Só pensava que Deus havia se esquecido de mim, que eu tinha nascido para sofrer e ponto. Meu esposo quase não ia mais à igreja, pois não achava nenhuma com a qual se identificasse. Ele sempre buscava algo que o preenchesse, mas esse algo só poderia ser encontrado no próprio Cristo.

Aquele deserto durou um longo período, talvez mais do que deveria. Isso, porque não tínhamos uma vida de intimidade com Deus, éramos apenas religiosos.

Eu não me conformava com o fato de ele estar afastado da igreja depois de tudo o que Deus havia feito por nossa filha. No fundo, eu sentia como se estivesse em dívida com o Senhor e carregava isso como um peso; hoje, sei que caminhar com Jesus não deve trazer peso ou fardo algum, mas, naquele tempo, eu também precisava ser tratada em várias áreas, especialmente em relação à religiosidade que havia dentro de mim. Eu só sabia acusar, apontar o dedo e julgar meu marido.

Agindo assim, eu só contribuía para afastá-lo ainda mais do Senhor. Eu ia para a igreja, só que voltava de lá igual ou pior: brigava com as crianças por algum motivo qualquer, com meu marido por ele não ter me acompanhado e ainda dizia: "A palavra de hoje foi todinha para você", quando, na verdade, foi para mim, que estava lá, mas mantinha meu coração, ouvidos e olhos fechados. Eu só vivia com uma capa de religião, meu coração precisava, e muito, ser convertido ao Senhor.

Durante um bom tempo, eu me massacrava com pensamentos do tipo: "Você é uma coitada, sofredora, escolheu mal o seu marido, não obedeceu a sua mãe, e agora sofre as consequências! Vai ter de lutar a vida inteira sozinha, porque seu esposo nunca vai seguir o mesmo caminho que você", entre muitas outras acusações. Estava enjaulada naquela "gaiola emocional". Eu me mantinha totalmente presa à autocomiseração, ou seja, alimentava o sentimento de compaixão ou dó por mim mesma.

Não só isso. As sementes de mentiras sobre meu valor e identidade eram lançadas pelo Inimigo, e eu passava horas chorando em frente ao espelho, pensando no quanto eu era coitada e triste. Para piorar, tinha muita raiva do meu marido, porque pensava que ele era o motivo do meu sofrimento. Então, ora eu me culpava por tudo estar dando errado em nossa vida, ora culpava minha mãe, meu pai ou meu esposo. E assim, nós fomos nos afastando cada vez mais, eu só sabia cobrá-lo, e ele só sabia me criticar, os problemas aumentavam dia após dia.

Na vida profissional do meu esposo, os fracassos seguiam acontecendo. Entre um trabalho e outro, ele sempre resolvia montar um negócio próprio, que não dava certo e acabava em prejuízo. Como nunca havíamos parado para orar e pedir a direção de Deus sobre os nossos projetos, não tínhamos sequer como saber se aquilo estava de acordo com a sua vontade para nossa vida ou não. Hoje, cremos que estar alinhados aos propósitos do Pai é o que mais importa, além de qualquer lucratividade. Pedir direcionamento ao Senhor não nos garante sucesso de acordo com nossas idealizações ou fantasias, mas nos aproxima cada vez mais dele, pois expressamos nossa total dependência em Deus, e isso agrada o seu coração.

A FAMÍLIA ESTÁ CRESCENDO

Quando a Amanda estava com cinco anos, passou a nos pedir muito por uma irmãzinha, pois sua tia mais nova (que ainda morava comigo) estava na fase da adolescência e não brincava mais com ela. Mesmo com a condição financeira desfavorável, o desejo de termos mais um filho brotou no coração do meu esposo e no meu. Porém, como eu tinha ovário policístico, isso não era muito fácil, já fazia uns três anos que eu não tomava nada para evitar uma nova gestação e, mesmo assim, não havia engravidado.

Para a nossa alegria, mais ou menos um ano depois disso, Deus mandou o nosso segundo presente: a Lavínia. Nessa fase, meu esposo estava com um emprego fixo; o salário não era muito bom, por isso vivíamos no limite, mas o Senhor não permitia que nos faltasse nada. Era incrível como víamos a mão dele nos amparando, pois, se analisarmos friamente, nossas condições financeiras de fato não eram favoráveis para receber um bebê. Eu só tinha algumas poucas peças de roupas de quando a Amanda era pequenininha, o resto havia doado para outras famílias.

Acontece que logo a questão financeira deu lugar a uma preocupação maior. No quarto mês de gestação, tive um sangramento e quase perdi a Lavínia. Depois disso, tive de ficar em repouso absoluto por mais de três meses, o que era muito difícil para mim, já que sempre fui uma pessoa agitada. Sem boas condições financeiras, e sem poder fazer nada, eu permitia que o Diabo tripudiasse em minha mente. Segui assim até que, um dia, minha madrasta me fez uma visita e, quando orava por mim, Deus lhe deu uma revelação: eu não deveria me preocupar, pois ele iria suprir todas as nossas necessidades, mas somente quando meu esposo e eu estivéssemos buscando ao Senhor verdadeiramente a nossa situação financeira melhoraria e as coisas fluiriam em nosso lar.

Pedir direcionamento ao Senhor não nos garante sucesso de acordo com nossas idealizações ou fantasias, mas nos aproxima cada vez mais dele, pois expressamos nossa total dependência em Deus, e isso agrada o seu coração.

Dois dias antes de a Lavínia nascer, eu comecei a sentir uma forte dor na região da primeira cesariana; fomos à médica, e ela ficou preocupada por não ser normal esse sintoma, disse para acompanharmos a situação. Mais uma vez, meu esposo foi instruído por Deus ao tomar uma decisão importante diante dos médicos e disse: “Doutora, você não acha melhor antecipar o parto um pouquinho? Essa dor não pode ser algo grave?”. No caso, o parto estava programado para acontecer em duas semanas, mas ela pensou bem e resolveu marcar o parto para dois dias depois daquela consulta.

Realmente foi Deus quem o instruiu, pois, no dia do nascimento da Lavínia, eu me contorcia de dor, e quando a médica abriu a minha barriga, tomou um susto. Perguntou se eu tinha tido alguma gestação recentemente, e eu disse que não, pois a Amanda estava com seis anos. Ela disse: "Que sorte você teve! Se mais algumas horas de gestação se passassem, seu útero romperia e o pior aconteceria com você". Ela explicou que meu útero estava tão fino que parecia uma folha de papel, e isso geralmente ocorre com mulheres que têm gestações muito próximas. Mesmo sem achar uma explicação, ela me aconselhou a não engravidar novamente, pois eu poderia não ter a mesma "sorte". Sei que não foi sorte, e sim mais um milagre de Deus em minha vida.

Assim nasceu a nossa segunda princesinha, em maio de 2006, pesando 3,950 quilogramas e com 51 centímetros de altura. Mais uma alegria para a família! Lavínia era linda, "um bebezão", como disse a médica. Ela era parecida com a Amanda recém-nascida, porém mais branquinha e de cabelos escuros. Algumas pessoas diziam que ela lembrava a "Branca de Neve". Enfim, veio quem faltava para completar nossa família, foi uma alegria imensa e uma emoção indescritível.

Assim nasceu a nossa segunda princesinha, em maio de 2006, pesando 3,950 quilogramas e com 51 centímetros de altura. Mais uma alegria para a família!

Confirmando a promessa, realmente Deus nos trouxe provisão e nunca faltou nada para a Lavínia. Posso contar nos dedos as vezes que precisei comprar alguma coisa para ela.

O Senhor preparou uma pessoa para nos abençoar, doando as roupas de sua filha, que era maior que a nossa. Eram peças de excelente qualidade, em perfeito estado, algumas até com etiqueta, e vinham em grande quantidade, teve coisas que ela nem chegou a usar. Deus mandou e mandou em abundância.

Durante todos esses anos, sempre que as roupas da Lavínia começavam a ficar pequenas, e aquela preocupação sobre como comprar peças maiores vinha, essa moça aparecia lá em casa, na mesma semana, com sacolas e mais sacolas de roupas que enchiam as gavetas. Eu agradecia muito a ela, mas louvava e agradecia principalmente a Deus em todo o momento, pois sei que era ele quem a movia a ter tal atitude.

O INÍCIO DE UMA APROXIMAÇÃO

Foi nessa época que passei a perceber uma necessidade maior de me conectar com o Senhor. Eu frequentava uma igreja próxima à minha casa, mas não me envolvia em nada e sentia que faltava alguma coisa, além de querer muito que meu esposo fosse comigo — ele não se identificava com essa igreja de maneira nenhuma. Então, comecei a orar para que Deus nos preparasse uma congregação para a qual pudéssemos ir todos juntos, a família inteira.

Pouco tempo depois, minha oração foi atendida. Quando a Lavínia tinha sete meses, meu marido e eu fomos padrinhos de casamento de uma prima minha. O casal de pastores que realizou a cerimônia era muito amoroso, e a palavra que eles ministraram naquele dia tocou o nosso coração. Meu esposo ficou animado com isso e propôs conhecermos a igreja deles. Eu aceitei a ideia, e logo fomos fazer uma visita, na qual fomos muito bem recebidos. Lembro-me de que chorei do início ao fim daquele culto, a pastora pregou sobre cura da alma, e Deus usou tremendamente a vida dela para falar comigo. O Paulinho gostou bastante de lá também, e assim começamos a frequentar aquela igreja.

Quando a Lavínia completou um aninho, pensei em voltar a trabalhar fora de casa, pois meu esposo já tinha saído daquele emprego fixo, registrado e com benefícios no qual estava trabalhando durante minha gravidez. Ele voltou a prestar serviços sem registro em carteira e recebia uma quantia pequena; ainda assim, não queria que eu trabalhasse fora, pois havia sido criado pelo pai com o princípio de que mãe deve ficar em casa com os filhos pequenos. Sei que esse é o ideal para quem consegue vivê-lo, porém sentia que as coisas não estavam fluindo muito bem em nosso caso e tentei resolver aquela situação com a força do meu braço. Eu já não aguentava mais tanta escassez, pois éramos cinco para comer, e mal conseguíamos pagar o aluguel.

Um dia, tive uma crise nervosa intensa — talvez uma catarse emocional ou um surto mesmo — de umas duas horas. Meus músculos todos paralisaram, eu não conseguia sair da cama, só gritava, chorava e dizia: "Eu não aguento mais essa vida!". Os pensamentos me atormentavam: "Vai viver sua vida, não dá para você ficar esperando algo do seu marido. Você quer uma coisa e ele quer outra, separe dele, o que você está fazendo com ele?". Assim, por várias vezes, pensamos mesmo que um divórcio seria a melhor saída. Só não nos separamos porque, até para isso, precisaríamos de mais dinheiro. Afinal, como manteríamos dois aluguéis, e todos os outros custos de duas casas, se não conseguíamos manter nem uma?

Após essa crise, eu decidi que iria de fato ajudar meu marido com a renda de casa, assim tentaríamos sair do aluguel. Nesse período, a família da minha avó nos ofereceu a casa em que meu pai, minha madrasta e seus filhos tinham morado durante alguns anos. Ela disse: "Morem lá pelo tempo que for preciso, não se preocupem em pagar aluguel, juntem um dinheiro e comprem a casa de vocês". Era a oportunidade que Deus colocava em nosso caminho para realizarmos um sonho.

Comecei a trabalhar em uma fábrica como recepcionista e recebia um salário baixo. O lugar era bem longe de casa, e eu não gostava muito de lá, porque, fora eu, só havia funcionários homens. Porém, sempre agradecia a Deus por aquela oportunidade de emprego; quando menos esperava, ele preparou algo melhor. Lembro-me de um dia, quando estava indo trabalhar às seis e meia da manhã e caiu uma tempestade, sendo que eu não tinha guarda-chuva; cheguei à fábrica encharcada. No caminho, senti que o Senhor ministrava fortemente ao meu coração, eu sabia que ele tinha algo a mais para mim, porque eu estava sendo fiel com aquele pouco, sem reclamar, e de coração grato.

Naquele mesmo dia, ligaram para mim oferecendo uma nova oportunidade de emprego, para a qual uma tia (irmã do meu pai de registro) havia aberto o caminho. Era para trabalhar em uma empresa que prestava serviços para a prefeitura da cidade, o salário era mais que o dobro do que eu ganhava, e sua localização bem mais próxima à nossa casa. Reconheci que algo assim só poderia ter vindo de Deus e fiquei muito feliz.

Entretanto, paralelamente a isso, as lutas continuavam, meu esposo tentava se encontrar no campo profissional, e não conseguíamos guardar dinheiro nenhum para sairmos da casa de minha avó e termos a nossa. No fundo, sentia como se estivéssemos caminhando para lados opostos e seguia em oração para que as coisas mudassem.

REPAROS, AJUSTES E MUDANÇAS

Havia um curso na igreja chamado "Casados para sempre". Eu queria muito participar, então pedi ao meu esposo para fazermos as aulas juntos, e ele concordou. Nesse curso, recebemos bons ensinamentos, principalmente sobre andar em unidade. Entendemos que o principal projeto de Deus é a família, aprendemos sobre o poder da oração na vida do casal e que as nossas finanças têm de andar em concordância. Então, depois de obtermos todo esse conhecimento, iniciou-se um longo processo de restauração em nosso casamento. Nós nos esforçamos para praticar coisas que não fazíamos desde que as crianças vieram, como passear ou ir ao cinema a dois. Aos poucos, muita coisa dentro do nosso relacionamento foi mudando para melhor após esse curso.

Durante esse mesmo período, houve um problema grave na família da minha avó: um dos meus tios mais animados e queridos sofreu um acidente no mar e veio a falecer, causando um grande abalo em todos que o conheciam de perto. A esposa dele não queria continuar morando em seu apartamento após a tragédia, então fizemos uma troca: nós nos mudamos para lá, enquanto ela e a minha avó foram para a casa em que morávamos. O problema é que meu esposo não gostava de apartamento e tinha aversão àquele bairro, mas entendi que Deus precisava levá-lo até lá para tratar a questão do orgulho e falta de responsabilidade financeira.

Meu marido foi criado pelo pai dele tendo de tudo. Ele sempre estudou em colégio particular e recebeu grandes oportunidades, mas desperdiçou todas elas por falta de empenho e perseverança. Sua mãe havia falecido quando ele tinha apenas sete anos, era filho único de seu pai, que já era de idade um pouco avançada quando ficou viúvo e precisou criá-lo sozinho. Ele não sabia ao certo como agir com o filho e acabava fazendo todas as suas vontades em vez de ensiná-lo a lutar para conquistar as coisas; assim, o Paulinho cresceu com dificuldade para perseverar diante dos desafios no trabalho e se sujeitar a regras.

Fora isso, ele tinha apenas 17 anos quando perdeu o pai e se viu sozinho no mundo, órfão, e ao mesmo tempo recebia uma boa pensão que sustentava todas as suas vontades, isso até se casar. Mas, finalmente, chegara o tempo de tempo de crescer e virar o homem responsável de família que Deus queria que ele fosse, e, para isso, o Paulinho foi levado ao seu limite. Ele nunca gostou de depender de ninguém, e estar naquele local, ainda morando de favor, foi um verdadeiro tratamento de choque.

Teve uma cena que o marcou muito, e depois disso ele se dedicou a trabalhar com vontade e empenho para conquistar nossa casa. Havia um carro roubado em frente ao apartamento, e as pessoas estavam colocando fogo nele. Minhas filhas viram aquela cena e disseram: "É fogo, deixa eu ver, pai, tem até caminhão de bombeiros e polícia!". Meu esposo respondeu: "Eu nunca desejei que vocês vissem uma cena como essa, preciso fazer alguma coisa para mudar isso". Entre outros, esse choque de realidade levou-o a amadurecer e fazer o que era preciso.

Eu continuava trabalhando naquela empresa, prestando serviços à prefeitura. Um ano antes, havia prestado concurso público, pois corriam boatos de que eles iriam romper o contrato. Milagrosamente, eu passei no concurso: dentre os 30 funcionários que eram terceirizados e fizeram a prova, só eu fui aprovada. Foi a mão de Deus mais uma vez. Porém, passei em uma posição um pouco inferior, e bem naquela época, um ano depois, soubemos que a prefeitura de fato romperia o contrato e todos seriam mandados embora. Mas eu, pela graça de Deus, não fiquei nem um dia desempregada; no mesmo dia em que nos dispensaram, chamaram boa parte dos aprovados no concurso, e o meu nome estava lá.

Além do mais, com a rescisão trabalhista, o Senhor me levou a propor ao meu esposo a possibilidade de comprarmos um terreno parcelado, já que o valor que eu receberia não era muito alto e não viabilizaria a compra de uma casa. Como aprendemos no curso de casados, começamos a orar juntos por esse propósito. Lembro-me de que ele até cogitou montar um negócio, mas, naquela mesma semana, minha tia disse que teria de vender o apartamento onde estávamos e teríamos de sair dali. Eu achei ótimo, pois era o que faltava para impulsionar meu esposo a procurar um terreno para nós.

Deus preparou o terreno, o primeiro passo, e então fomos construindo a casa por partes. Não foi fácil, pois além de levarmos um golpe do pedreiro, que pegou o pagamento todo adiantado e abandonou a obra, também lidávamos com a pressão para desocupar o apartamento da minha tia. Mas vimos a mão de Deus em todo o tempo: ele enviou um senhor que fez todo o trabalho para nós pelo preço que podíamos pagar. Um dia, ele me viu chorando, preocupada, e disse: "Cada lágrima que você derrama, o anjo do Senhor está colhendo". Nessa hora, senti que Deus falava ao meu coração: "Eu estou com você, está difícil, mas eu não me esqueci de você". Outra coisa boa foi que, por ser funcionária pública, eu tinha facilidade para conseguir créditos bancários, o que nos ajudou muito a concluirmos a primeira etapa da casa.

Apesar de muitos desafios, eu podia sentir uma grande diferença desde que iniciei a minha busca por mais intimidade e alinhamento com o Senhor. Antes, eu achava que Deus havia se esquecido de mim, porém depois eu conseguia perceber o seu agir, mesmo em meio às lutas. Pude testemunhar inúmeras intervenções divinas em minha vida nessa fase. Ele abriu as portas de um emprego melhor para o meu esposo; uma querida amiga, que me ajudava muito, aconselhando-me, emprestou um dinheiro para pagarmos como e quando pudéssemos, sem cobrar juro algum; uma tia nos presenteou com uma quantia. Tudo foi enviado pelo Pai. E para a honra e glória do Senhor Jesus, no dia 19 de novembro de 2010, mudamos para nossa casa. Não sei nem descrever a alegria que sentíamos, pois depois de quase dez anos de muita batalha, víamos a restituição começar.

Logo após a mudança, surgiu vaga na empresa em que meu marido sonhava em trabalhar. O salário e os benefícios eram muito atrativos, porém, como ele não tinha formação superior, era praticamente impossível entrar lá. Mas toda a família se colocou em jejum durante um ano, pedindo que Deus abrisse essa porta para ele. Durante aquele ano, ele participou três vezes de longos processos seletivos; a vaga inicial já havia sido preenchida, só que todas as vezes que abriam outras, ele era convocado a concorrer. Até que, no terceiro processo, ele foi contratado! Era uma alegria imensa, estávamos recebendo mais uma graça divina e teríamos a oportunidade de ampliar nossa casa, já que morávamos em uma pequena parte construída.

> ***"Cada lágrima que você derrama, o anjo do Senhor está colhendo". Nessa hora, senti que Deus falava ao meu coração: "Eu estou com você, está difícil, mas eu não me esqueci de você".***

Estávamos gratos e felizes, contudo, como todos devem saber, sempre há novos desafios a serem superados. Tínhamos nossa casa, graças a Deus, mas ela inundava sempre que chovia; já estávamos aumentando a construção quando houve um grande alagamento na parte de baixo, que nos levou a perder muitas coisas. Fora isso, estávamos com um pedreiro que não cumpria com os combinados, e nossos vizinhos faziam festas com o som no último volume até altas horas da madrugada. Lembro-me de que, quando eu comentava alguma coisa com as pessoas, diziam: "Mas você não tem uma folga, resolve um problema, e logo vem outro!".

Paralelamente a tudo isso, minha irmã, que morava conosco e estava com 18 anos, envolveu-se com um rapaz que não aprovávamos. Nossas brigas aumentaram, pois ela não queria mais obedecer às regras da casa, então resolveu ir morar sozinha. Também nesse tempo, tive um sério problema nos ombros, as ressonâncias mostravam uma tendinite e uma bursite avançada, com indicação cirúrgica, porque metade do tendão estava rompido. Segundo os médicos, essa doença, uma vez desenvolvida, não teria cura, então eu fazia tratamento com fisioterapia e medicações, até que pudesse operar.

Eu sempre ouvi dizer que as provações existem para que possamos aprender algo e amadurecer. Meu marido e eu demoramos um pouco para entender o que isso significava e passamos muito tempo enfrentando aflições muito parecidas, vez após vez, era como se não avançássemos. Por isso, eu digo: quando estiver passando por provações, trate logo de

Quando estiver passando por provações, trate logo de aprender o que for necessário e não resista ao braço forte do Senhor, para passar de nível o quanto antes.

aprender o que for necessário e não resista ao braço forte do Senhor, para passar de nível o quanto antes. Nem sempre é fácil, somente com a graça do nosso Senhor Jesus Cristo é que conseguiremos suportar as aflições. Que aprendamos a confiar e descansar nele cada vez mais.

CAPÍTULO 5

O meu processo de cura emocional

“NÃO PODEMOS SER CURADOS DO QUE NOS RECUSAMOS A SENTIR.”

(DEVOCIONAL GLORIFY)

Como contei, minha infância e adolescência foram repletas de experiências traumáticas. Tudo isso, somado à perda da minha mãe, me levou a um quadro emocional com o qual não soube lidar muito bem e acabei me afastando de Deus, vivia o cristianismo apenas de modo superficial. Apesar de ter me aproximado do Senhor com nossa ida àquela nova igreja, e de Deus ter nos ensinado muitas coisas durante esse tempo, faltava-me ainda a revelação do seu amor.

Eu ainda julgava e criticava muito o meu esposo quando ele não queria ir à igreja, e ele combatia: "Eu pelo menos sou sincero, quando não estou com vontade de ir, prefiro não ir; de que adianta estar lá por estar? Deus sabe que minha mente e meu coração não estarão lá de verdade, não adianta eu tentar enganá-lo". E eu pensava: "Como eu gostaria que o meu marido se entregasse totalmente ao Senhor!". Esse sempre foi o meu sonho, mas não tinha consciência de que eu contribuía para que isso não acontecesse.

A DIFICULDADE NA ÁREA SEXUAL

Durante todos esses anos de casados, meu marido sempre me respeitou, sobretudo na área de intimidade sexual. Digo isso porque eu tinha sérios problemas em me relacionar com ele nesse aspecto, para mim era um peso e um fardo ter de cumprir o papel de esposa e mulher em alguns momentos. Ele sempre foi muito carinhoso e amoroso comigo, por vezes eu estava lavando ou cozinhando e, ao passar por mim, ele me abraçava, me fazia um elogio. Eu podia estar descabelada ou mal-arrumada, mas para ele eu sempre estava linda.

No entanto, todas as vezes que ele me abraçava um pouco mais forte e me apertava, um gatilho era acionado. Não era consciente, só que as sensações dos abusos voltavam. Meu inconsciente interpretava que ele queria uma relação mais íntima, e aqueles pensamentos como: "Tá vendo, ele está te tocando, já quer você sabe o quê, você vai ter de agradá-lo", eram um verdadeiro pesadelo para mim. Uma coisa tão normal dentro do casamento, criada por Deus e prazerosa para o casal, era motivo de desespero para mim devido aos abusos que eu havia sofrido na infância.

Ele sempre foi muito carinhoso e amoroso comigo, por vezes eu estava lavando ou cozinhando e, ao passar por mim, ele me abraçava, me fazia um elogio.

Mesmo depois que fizemos o curso "Casados para sempre", eu me esforçava para controlar a minha mente em relação a esse assunto, mas não conseguia colocar em prática essa parte, pois não havia passado por um processo de cura e libertação emocional. Eu nunca conseguia desfrutar com prazer de um momento íntimo com meu esposo e já havia me acostumado com essa ideia de que o ato conjugal não era algo bom. Eu me sentia suja quando meu esposo me tocava. Quando ia tomar banho, eu mal conseguia me olhar, sempre tomei aquele banho rápido e não sabia me enxergar com amor e carinho. Na verdade, eu mal olhava para mim, tanto exterior quanto interiormente. E, geralmente, tinha relação com meu esposo por obrigação, era raro eu sentir prazer.

Conforme as crianças cresciam, eu só piorava nessa área, porque tinha pavor de elas pensarem que nós "fazíamos aquilo", e a situação foi ficando insuportável. Na hora da intimidade, eu dizia para o meu marido: "Elas vão ouvir, podem desconfiar do que estamos fazendo". Então, para que nós pudéssemos ter relações, eu tinha de verificar várias vezes (principalmente a minha irmã, que já era maior e entendia) se elas estavam dormindo mesmo. Qualquer barulho que eu ouvisse, dizia: "Alguém acordou!" e travava tudo.

Nem sei como descrever todos os pensamentos que passavam ali na minha mente em tão poucos minutos. Eu não podia nem imaginar que as crianças estivessem acordadas e pudessem ouvir alguma coisa, então mal me mexia e mal respirava. Na verdade, eu agia assim não porque quisesse, mas porque, no meu interior, eu também havia sido marcada por todas as vezes que tinha escutado minha mãe tendo relações com seus parceiros e não queria nem de longe que minhas filhas passassem pelo que eu passei.

Eu já estava paranoica, imaginava até que elas estivessem atrás da porta, escondidas, ouvindo alguma coisa. É claro que, com tantos pensamentos, medo e pressão psicológica, eu não sentiria prazer. E meu marido acabou se acostumando com as relações serem assim na maioria das vezes, acho que ele entendia, por conta do meu passado, só não sabia que eu tinha todos esses pensamentos e sensações quando ele me tocava ou nos relacionávamos. Em todos esses anos, nunca tinha conseguido fazer a ligação do reflexo dos abusos que havia sofrido nesses comportamentos atuais. Entendi isso somente após a libertação.

Como já contei, meu marido sempre me elogiou muito, dizia que eu era linda e via qualidades em mim que eu não enxergava. Deus havia enviado o meu esposo para ser instrumento de cura em minha vida, para apagar as marcas do passado e me amar de verdade, mas eu não conseguia perceber isso, pois estava cega pelas mentiras de Satanás. Tinha aversão a espelho, eu não conseguia me encarar nele, nem olhar dentro dos meus próprios olhos. Não sabia receber um elogio e sempre via segundas intenções no amor e nos carinhos que meu esposo demonstrava por mim. Se ele estava mais carinhoso em determinado dia, eu já me sentia obrigada a ter intimidade com ele à noite; quando íamos dormir, eu queria logo "cumprir com minha obrigação". Hoje, vejo que devo ter magoado muito o meu esposo com essas atitudes.

COITADINHA DELA!

Um dos meus "passatempos" favoritos naquele tempo era revisitar minhas dores do passado, era como se encontrasse algum conforto nisso. Minha autoestima era péssima e motivos para isso, com certeza, existiam. Na infância e adolescência, não conseguia me encaixar em nenhum grupo e em lugar nenhum. Vivia chorando pelos cantos, calada, sempre com uma tristeza profunda nos olhos. Desde pequena, eu tinha um complexo de inferioridade muito grande. Eu não me amava, não me aceitava de jeito nenhum, enxergava-me sempre como um peso na vida da minha mãe. Até meus trinta anos de idade, eu batia no meu rosto, dava beliscões em mim, puxava meus cabelos, batia a cabeça e testa na parede. Que raiva eu tinha de mim mesma!

Somente no processo de cura fui entender que essa raiva interna era resultado de uma raiva reprimida em relação aos abusadores e aos meus pais. Toda a raiva que deveria ser projetada para eles, eu havia introjetado e direcionado a mim. Eu vivia entre altos e baixos por todas essas coisas que já havia vivido e adorava ficar trazendo todos os sofrimentos à tona, para me sentir "a sofredora". Gostava de me sentir a "coitadinha". Era até meio estranho, mas tinha certo prazer em estar triste. Parecia que, quanto mais coitada eu fosse, mais as pessoas olhariam

> ***Parecia que, quanto mais coitada eu fosse, mais as pessoas olhariam para mim, não importa que fosse por pena ou por dó. Eu só queria me sentir amada.***

para mim, não importava que fosse por pena ou por dó. Eu só queria me sentir amada. O que eu não imaginava era que alimentar pensamentos de vitimização desagradava a Deus e contribuía com o adoecimento da minha alma, aumentando ainda mais o meu nível de tristeza, que culminaria em uma depressão.

“SOMOS VICIADOS NO QUE NOS DESTRÓI.”

(FIÓDOR DOSTOIÉVSKI)

O ORGULHO DISFARÇADO DE ESFORÇO

Também era uma pessoa extremamente perfeccionista, não admitia errar nem que o outro errasse. Trabalhava bastante dentro e fora de casa, era como se eu precisasse sempre provar que era capaz, competente, “perfeita”, para que ninguém tivesse nenhum motivo para falar mal de mim. Carregava o mundo nas minhas costas. Dava explicações de tudo o que eu fazia para as pessoas, preocupada com minha “reputação”. Eu vivia com a sensação de que as pessoas estavam sempre cobrando uma performance perfeita de mim. Costumava sentir-me a injustiçada, a “certinha” da história, tanto em casa como no trabalho, ou em qualquer lugar que fosse. Eu só sabia criticar, julgar, reclamar, falar mal, apontar o dedo para os outros, me vitimizar e me orgulhar.

Eu me vangloriava de tudo o que fazia e achava um absurdo eu trabalhar tanto quanto outras pessoas, que trabalhavam menos do que eu, terem muito mais sucesso e felicidade. Essa era a "pedra" da inveja, e precisei retirá-la da minha mochila durante meu processo de cura. Em alguns momentos, eu me achava superior às pessoas pelo tanto que fazia e me sentia mais merecedora por causa dos meus sofrimentos. Descobri que isso é soberba e sentimento de justiça própria.

Em outros momentos, sentia-me inferior a todo mundo. De um jeito ou outro, era refém do que os outros pensavam a meu respeito e, por isso, perdi até oportunidades de crescimento no trabalho. Eu me esforçava intensamente para ser reconhecida, mas quando esse resultado chegava, eu me sentia muito mal, desencaixada, não merecedora e até culpada. Era muito estranho, um misto de sentimentos divididos e confusos que geravam angústia dentro de mim. Todos esses sentimentos e comportamentos involuntários e inconscientes me mantinham naquela gaiola em que fui colocada quando criança. Apesar de já poder abrir e sair dela, agora eu mesma me mantinha aprisionada por meus pecados e comportamentos tóxicos.

MEXENDO NA FERIDA PATERNA

Claro que toda essa situação complicava a relação com meu marido. Já estava casada havia 14 anos e, ano após ano, eu me lamentava e reclamava da falta do meu pai. Até então, sofria a dor da rejeição, do abandono e do distanciamento do meu pai de registro e, dentro dessas crises, sempre me lembrava daquela história contada por minha mãe quando eu tinha 11 anos de idade. Meu pai nunca brigou comigo, nunca me pôs de castigo, nem me visitou, ligou ou me colocou para dormir, nunca fez lição de casa comigo, nem foi em uma reunião de escola. Simplesmente nunca tive pai.

Eu gostaria muito de saber a verdade, porém tinha medo de perguntar para o meu pai de registro se ele sabia de alguma coisa e de magoar a minha avó que tinha me criado e que sempre negava essa possibilidade. Então eu ficava sofrendo pela falta de coragem de encarar a história e com medo da reação das pessoas. Todas as vezes que eu ia à casa do meu pai, se por algum motivo me sentisse rejeitada ou desprezada, voltava para casa chorando e enchendo o meu marido com essa história de novo. Dentro de mim, eu vivia cobrando e julgando as atitudes de meu pai, mas não conseguia resolver o assunto com ele. Chegava até a pensar que somente se eu estivesse com uma doença grave teria "justificativa" para lhe perguntar se ele sabia alguma coisa a respeito daquela história.

Eu me esforçava intensamente para ser reconhecida, mas quando esse resultado chegava, eu me sentia muito mal, desencaixada, não merecedora e até culpada.

Seis anos antes do início do processo de cura em minha vida, meu esposo fez uma viagem a trabalho para o Rio de Janeiro e me disse que, se passasse perto do tal restaurante do meu suposto pai biológico, ele iria até lá para ver se conseguia algumas informações. Passou bem em frente ao local, mas já não existia restaurante algum, e sim um prédio enorme no lugar. Meu marido pediu algumas informações ao zelador, que disse que o dono do restaurante havia vendido todos os bens e voltado para Portugal. Nesse meio tempo, estava com uma expectativa e ansiedade enormes, mas logo percebi que as poucas pistas que eu tinha já não valiam mais de nada.

Esse desânimo foi somado às angústias que já vivia, agravando meu caso. Não aguentava mais tanta cobrança que eu mesma, sem perceber, colocava em cima de mim. Acreditava que tinha de ser a esposa perfeita e uma supermãe, deixar a casa impecável, trabalhar fora e ser a número um em tudo, na igreja e com os amigos. Com tudo isso, acabei surtando e entrei em uma depressão profunda, como nunca antes. Um dia, fui ao banheiro e pude ouvir claramente uma forte sugestão em minha mente: "Você tem de morrer", e eu pensei: "É, por que não morro de uma vez? Sou a pessoa mais infeliz do mundo, ninguém me ama e estou cansada de tudo, quero desistir, não aguento mais".

Realmente desejei morrer naquele dia, por isso tomei alguns comprimidos tentando me prejudicar. Mas quando fui para o quarto da minha filha menor, vi-a brincando com o pai, rindo, feliz, e, de repente, me bateu um arrependimento por ter desejado morrer e por ter tomado aqueles medicamentos. Eu pensei: "Meu Deus, perdoe-me! Por que eu quero morrer? Minhas filhas são lindas, saudáveis, perfeitas, e tão pequenas ainda, precisam tanto de mim. Ajude-me, Deus, eu não posso mais ficar assim". Ainda bem que os comprimidos eram fitoterápicos, só me causaram sono profundo e uma letargia.

Tanta dor e sofrimento levaram-me ao ponto de querer "abandonar o barco da vida". Hoje dou graças ao Senhor por ter providenciado um escape para mim e por me perdoar, agradeço por suas misericórdias que se renovam a cada manhã. Toda essa situação, foi crucial para que eu percebesse que precisava de ajuda. Assim, finalmente coloquei o orgulho de lado e fiz o que nunca havia feito em minha vida: abri meu coração e pedi ajuda, já no dia seguinte, para minha chefe, e ela me indicou um psicólogo que atendia na rede pública. Passei a ter consultas com ele uma vez por semana.

Quase 60% de cada sessão era usada em lágrimas de dor e sofrimento. Os conteúdos sempre giravam em torno do meu pai e do meu marido. Do meu pai pela rejeição, e do meu marido pela falta de responsabilidade com as finanças e de acolhimento em relação às minhas dores emocionais. Eu nunca estava satisfeita com nada; apesar de o meu esposo não ser acolhedor em minhas crises, em outros aspectos ele era superpresente e intencional no seu amor. Mas a verdade é que eu não interpretava as atitudes do meu esposo como demonstrações de amor simplesmente porque eu não havia experimentado nenhum tipo de amor em minha vida antes dele. O vazio me mantinha fria, seca, distante, chata e crítica com ele.

Minha felicidade estava sempre condicionada a "se" e "quando", a algo que acontecesse, à ideia de algo ligado ao futuro ou ao passado. Ora achava que o dinheiro me traria felicidade, ora estava vivendo no passado: "Ah, se eu tivesse feito tal coisa, porque, quando a situação financeira fosse melhor, eu seria mais feliz", ou estava no futuro: "Ah, mas quando eu tiver minha casa, eu vou ser feliz; quando meu marido tiver um emprego melhor, eu vou ser feliz"; era sempre assim.

Na terapia, o psicólogo sugeriu-me que fosse conversar com meu pai (de registro), então, como eu tinha a desculpa de que "fazia parte do tratamento", fui falar com ele. Perguntei se ele também tinha dúvidas sobre eu ser filha dele ou não, e, para minha surpresa, ele disse que sempre duvidou. Sendo assim, propus fazermos o teste de paternidade, e ele topou. Só que, como não tínhamos recursos financeiros naquele momento, marcamos de fazer assim que eu pudesse pagar o exame. Continuei mais algumas sessões com o psicólogo, até que um dia ele dormiu enquanto eu falava. Minha mente mais uma vez foi bombardeada pelas trevas: "Sua história não interessa a ninguém. Nem o psicólogo, que é pago para ouvir você, aguentou seu discurso chato. Entenda de uma vez por todas que não tem jeito para você!". E, assim, no ano de 2009 desisti do tratamento que havia iniciado.

CURATIVO NA FERIDA PATERNA

Passaram-se dois anos e meio, e o Senhor mudou muita coisa na minha vida e na do meu esposo. Fizemos o curso "Casados para sempre", eu fui chamada pelo concurso público, conseguimos financiar um terreno e iniciamos a construção da casa própria, como mencionei no capítulo anterior. Deus deu um bom emprego para o meu marido, e as condições financeiras começaram a melhorar, mas eu ainda vivia entre altos e baixos. Não enxergava que tudo o que eu dizia que me faria feliz já estava acontecendo, e mesmo assim continuava infeliz. Percebe como eu estava buscando a felicidade no lugar e nas coisas erradas?

No fim de 2011, como a situação financeira já estava um pouco melhor, meu esposo e eu conversamos e vimos que já seria possível fazer o bendito exame de DNA. Com meu 13º salário inteiro, paguei pelo teste. Eu achava que, quando descobrisse a verdade, meus altos e baixos passariam imediatamente, mas na verdade esse era apenas o começo do tratamento que Jesus operaria. Fizemos o exame, e algumas semanas depois o resultado estava em nossas mãos; combinei de abrirmos juntos: meu pai e eu. Havia chegado o grande dia, eu estava com trinta anos de idade e tinha sofrido com essa questão por quase vinte anos. Eu estava muito esperançosa!

Não enxergava que tudo o que eu dizia que me faria feliz já estava acontecendo, e mesmo assim continuava infeliz. Percebe como eu estava buscando a felicidade no lugar e nas coisas erradas?

Até o último segundo, eu torcia para que desse positivo. Eu não acreditava muito nas histórias da minha mãe; fora isso, no fundo, eu queria fazer parte daquela família. Amava minha avó, meus tios, era a família que eu conheci como família, não queria perdê-los, e eu gostava muito do meu pai também. Por outro lado, eu queria também que, através daquele exame, "justiça fosse feita". Que ele visse o quanto tinha errado comigo por não ter sido um "pai de verdade". Mas quando abri o envelope e levantei o papel, estava lá, bem diante dos meus olhos, o resultado: 99,99% de chance de ele **não** ser o pai biológico.

Meu mundo caiu mais uma vez. Naquele instante, passou um filme em minha mente, de tudo o que eu já havia vivido e de tudo o que minha mãe havia contado. A história era verdadeira. Chorei muito, e Deus começou a me tratar no mesmo instante. Ele me mostrou que realmente fez justiça, mas a dele, porque quem precisava ser justiçado era o meu pai que havia sido enganado, que carregava o peso da dúvida e de que, se realmente eu fosse filha dele, teria falhado, e muito, comigo, porque não é do caráter dele agir assim; com os filhos é um bom pai, batalhador, esforçado e presente.

De repente, Deus transformou aquele sentimento de que meu pai nunca tinha feito nada para mim em "meu Deus, ele não precisava fazer nada por mim, mesmo assim me deu um nome. Ele merece ser honrado, pois, sem ter certeza, me registrou e permitiu que eu fizesse parte da sua família". Eu, na verdade, estava no lucro: por causa da atitude dele, recebi a oportunidade de ter uma avó amorosa e cuidadosa, uma casa para morar até os cinco anos, para passar as férias, tios, tias, primas, irmã, um pouco de "vida normal" como criança e adolescente, almoços e passeios em família, ainda que nada de consideração.

Mas quando abri o envelope e levantei o papel, estava lá, bem diante dos meus olhos, o resultado: 99,99% de chance de ele* não *ser o pai biológico.

Por mais que meu pai não tenha sido presente, a família dele sempre foi, e isso já basta. Então, naquele momento, diante de tudo o que o Espírito Santo me havia permitido perceber em poucos minutos, eu o abracei e agradeci por ele ter feito tanto por mim. Ele estava até mais leve, pois, diante daquele resultado, um peso havia sido tirado de seus ombros. Cheguei a casa, chorei a noite toda e pedi perdão a Deus por tê-lo julgado tantas vezes; com o auxílio do Espírito Santo, troquei as acusações por um sentimento de gratidão enorme.

Depois disso, ele começou a se relacionar muito melhor comigo e com minhas filhas, pois não tinha mais aquele peso e cobrança da minha parte, podíamos conviver com mais leveza. Nessa mesma semana, estavam todos os familiares reunidos na casa da minha avó, eu pedi um minuto da atenção de todos e disse: "Quero dizer que meu pai e eu fizemos o exame de DNA, e o resultado deu negativo, mas isso não muda nada, porque eu faço parte dessa família, e agradeço a Deus por ter me permitido conhecê-los! Minha mãe, mesmo errando, acertou em me colocar em um lar tão amoroso. Quero agradecer a cada um que sempre me tratou com muito amor e carinho, e que Deus os recompense por tudo o que fizeram por mim". Foi um momento muito emocionante e inesquecível para nós.

VIRANDO AS COSTAS PARA A FAMÍLIA

Paralelamente a essas grandes emoções, enfrentava sérios problemas com minha irmã que morava conosco. Naquele mesmo mês, ela faria dezoito anos, e estávamos preparando uma grande festa. Fazia pouco tempo ela havia começado a namorar um rapaz que não aprovávamos e, por esse motivo, as brigas se tornaram intensas em casa. Após a festa, ela se rebelou de tal maneira que não nos respeitava mais e mentia a respeito de tudo. Cheguei até a levá-la a uma psicóloga para tentar reverter a situação, mas ela se negou a fazer o tratamento, dizendo que não era louca para ter de passar em psicólogo.

A situação estava insustentável, nós brigávamos todos os dias, e isso estava afetando fortemente o meu casamento e o relacionamento com minhas filhas, pois eu só sabia viver para a minha irmã: todas as minhas forças e energias iam para ela, não sobrava nada para os demais. E entre brigas, mentiras e decepções, ela decidiu sair de casa e morar sozinha. Disse que queria viver a vida do jeito dela, sem regras, sem cobrança. De todo modo, resolvemos ajudá-la: alugamos uma casa para ela, fizemos uma compra de mercado, e algumas pessoas doaram móveis. Ela estava amparada e, como recebia uma pensão pela morte da nossa mãe, poderia "se virar" até os 21 anos.

Mas eu não consegui aceitar bem essa história, pois tinha sonhos para ela, queria que se formasse, tivesse uma boa profissão, namorasse um rapaz bacana, com quem pudesse crescer, mas esses sonhos eram apenas meus, e não dela. Eu não me conformava, pois tinha renunciado a muitas coisas na minha vida para lhe dar o que eu não pude ter, para que ela não precisasse sofrer o que eu sofri. Eu simplesmente não entendia como ela pôde jogar tudo isso fora, e pior, quando ela saiu de casa, afastou-se totalmente de nós, era como se nunca tivéssemos feito parte da mesma família e morado tantos anos juntas.

Mais uma vez, minha mente era atacada com pensamentos atormentadores, além de sentimentos de vitimismo, autocomiseração e autopiedade. Eu me sentia traída, desprezada, abandonada e rejeitada. A raiva que tinha da minha mãe, que já estava instalada dentro de mim desde o resultado do DNA, somada a tudo o que eu havia passado na vida "por causa dela" e às atitudes da minha irmã, levaram-me a culpá-la por eu ser tão infeliz. Minha vida era pensar nisso e encher a cabeça do meu marido com esses problemas.

FOI DADA A LARGADA PARA O PROCESSO DE CURA

Finalmente, tomei consciência de que não dava mais para eu continuar como estava. Tentei de todo jeito superar aquela fase, lia muitos livros de autoajuda, ouvia inúmeras pregações, até me identificava com as situações que lia ou ouvia, e muitas vezes pensei haver encontrado a solução, mas eu não conseguia nenhum resultado consistente sozinha e logo voltava à estaca zero. Acabava sempre decepcionada e frustrada comigo por não ter sido capaz de sair daquele buraco por conta própria. Eu me sentia um fracasso.

Então, chegou o dia do meu aniversário de registro, 3 de julho. Todos os anos eu comemorava nessa data, mas seria a primeira vez com a certeza de que eu realmente havia nascido em 3 de maio, o que mexeu bastante comigo. Já comecei a chorar na noite anterior, e quando o meu esposo se levantou pela manhã e veio me parabenizar, eu disse: "Parabéns por quê? Hoje não é meu aniversário, essa data é uma mentira, assim como toda a minha história, e eu não quero mais viver nessa mentira. Meu aniversário já passou, foi em maio".

Eu estava mais infeliz do que nunca, nada mais fazia sentido para mim. Foi uma avalanche de episódios que expuseram várias feridas infeccionadas e cheguei ao fundo do poço, não tinha mais forças nem para orar. Reclamava do meu esposo, ao mesmo tempo em que nem eu me entendia, não sabia o que queria, porque buscava consolo nos lugares errados. Hoje sei que deveria correr para os braços do Pai, mas ainda não tinha uma relação de intimidade profunda com o Senhor naquela época. Muitas vezes, buscamos no outro o que só Jesus pode nos dar, por isso acabamos com uma sensação de frustração e vazio. Mas isso estava prestes a acabar, afinal, um caos emocional pode se tornar a oportunidade perfeita para mudarmos de verdade.

Finalmente, tomei consciência de que não dava mais para eu continuar como estava.

À noite, quando meu esposo voltou do trabalho, achou que eu estaria melhor, mas a verdade é que eu havia piorado, e ele explodiu: "Eu estou indo embora de casa, não aguento mais! Estou cansado de tentar fazer você feliz, você nunca está satisfeita com nada, tudo o que eu faço não está bom, você só sabe criticar e reclamar. Dizia que ia ser feliz quando tivesse a casa, já tem. Depois, quando eu tivesse um emprego melhor,

Deus me deu, e agora vive procurando motivos para estar sempre mal, triste. Uma hora é o pai, outra hora a mãe, outra hora a falta de dinheiro, você fica inventando coisas, você está doente! Para mim chega: ou você se trata, ou estou fora, vamos nos separar! Você escolhe!".

Muitas vezes, buscamos no outro o que só Jesus pode nos dar, por isso acabamos com uma sensação de frustração e vazio.

Uau! Aquelas palavras entraram dilacerando a minha alma! De repente, a pessoa que mais me ama aqui na Terra diz que cansou, que vai desistir de mim. Rapidamente a sugestão diabólica soprou em meus ouvidos: "Agora você está livre, deixe ele ir. Eu disse que ele não a amava de verdade, que você estava sozinha, que não podia contar com ninguém, então vá fazer o que você quiser, sem dar satisfações". Mas, em seguida, senti a doce voz do Espírito Santo me dizendo: "Filha, você vai deixar que a sua família escorra entre os seus dedos? Se quiser se levantar, eu ajudo!". Então eu fiz a oração mais curta e sincera de toda a minha vida: "Senhor, então me ajude, porque eu não sei como resolver essa situação".

Após pensar e chorar por um bom tempo, chamei meu esposo para conversar e disse que tinha consciência de que eu precisava de ajuda, mas não sabia por onde começar. Com todo amor, ele disse que me daria de presente o tratamento psicológico, eu deveria apenas procurar por uma boa psicóloga. Como eu não me sentia merecedora de nada, procurei a psicóloga mais barata que atendia perto de casa e agendei uma consulta. Ela era bem novinha, e eu pensei que dificilmente teria bagagem para me ajudar. Porém, como estava lá, descarreguei em meia hora o resumo da minha vida: minha mãe, meu pai, minha irmã, meu marido. Então ela me olhou e disse: "Acho que não vou dar conta de tudo isso, é muita coisa! Mas venha uma vez por semana e a gente vai conversando, vamos ver como vão evoluir essas conversas".

Claro que não voltei mais, e ainda bem, pois o Espírito Santo já estava enviando a pessoa escolhida por Deus para me ajudar. Duas semanas depois, após um culto, uma irmã da igreja me parou para perguntar sobre a minha irmã; disse que nunca mais a tinha visto e queria saber se estava tudo bem. Quando ela me perguntou isso, eu não consegui nem responder, as lágrimas imediatamente rolaram e eu não pude falar. Ela disse: "Você não quer vir aqui na igreja na próxima terça-feira para conversarmos?". Eu só balancei a cabeça confirmando que sim e fui embora.

> ***"Filha, você vai deixar que a sua família escorra por entre os seus dedos? Se quiser se levantar, eu ajudo!"***

Não tinha nem pensado em procurar ajuda na igreja. Já estava lá havia quase seis anos, mas achava que estaria incomodando as pessoas se compartilhasse meus problemas.

Nunca quis que ninguém soubesse da nossa vida, meu marido sempre criticou pessoas que não conseguiam fazer nada sem antes falar com o pastor, ele achava que as questões deveriam ser resolvidas em casa. Eu sei que existem pessoas que exageram e pedem ajuda ao pastor para tudo, não sabem tomar nenhuma decisão sozinhas, contudo, em casos extremos, como o meu, devemos, sim, buscar ajuda o quanto antes. A igreja está aqui para isso, para ajudar e ser conduzida pelo Senhor para restaurar e libertar os cativos.

Muitas vezes, o Diabo usa a própria igreja para ferir pessoas, rompendo a comunhão entre irmãos, afinal, ele sabe como isso enfraquece a fé das pessoas. Quantos não foram feridos em ministérios e hoje estão distantes de Deus, como se ele tivesse culpa pelos erros de líderes ou irmãos? Pode ser também que você já tenha pedido ajuda, mas ninguém se importou com você. Talvez até tenha sido acolhida em sua dor, mas alguém pode ter espalhado fofocas sobre sua vida e situação. Não sei o motivo que pode ter feito você desistir de fazer parte de uma igreja, mas independentemente da situação, clame ao Senhor. Peça ajuda a ele para que envie uma mulher sábia, madura e capaz de ajudá-la nesse processo.

Graças a Deus, foi o que aconteceu comigo. Na terça-feira, fui conversar com aquela irmã. Eu estava muito ansiosa, pois percebi sua disposição, seu interesse em me ouvir. Conversamos durante duas horas, e após eu ter feito um resumo da "minha triste história", ela, chorando, disse: "Eu sou meio manteiga, não liga não, mas quero dizer que me formei em psicologia e estou fazendo um trabalho voluntário aqui na igreja. Se quiser, estou disposta a ajudar você". Imediatamente respondi: "Sim, eu quero". Vi uma luz no fim do túnel, uma pessoa disposta a me ajudar.

Devo admitir que depositei uma esperança desmedida nela, parece que até me esqueci de que é Jesus quem opera milagres, às vezes por meio de alguém. Toda vez que pensava em ir ao psicólogo, eu queria que a pessoa realizasse algo mágico, achava que havia uma receita para ser feliz ou alguns exercícios que me fizessem sentir melhor, como: olhe no espelho e diga três vezes "eu sou linda!", e pronto, como em um passe de mágica, eu me sentiria incrível. Só que, obviamente, não foi assim na realidade. Ela começou a me tratar psicologicamente, e Jesus, espiritualmente.

Após o terceiro encontro, pensei em desistir, porque ela não estava realizando a "mágica" em minha vida como imaginei. Ela me ouvia com atenção, acolhimento e amor, mas não me dava respostas nem soluções mirabolantes. Como atendia em um contexto voluntário e dentro de uma igreja, sempre encerrava a sessão com uma oração sobre tudo o que eu havia trazido naquele dia. Porém, eu queria respostas e soluções instantâneas. Eu sempre fui muito executora, então estava convicta de que não tinha tempo para perder com intermináveis atendimentos sem resultados rápidos. Aprendi, ao longo da jornada, que os processos de cura e transformação costumam ser mais lentos e dolorosos do que imaginamos. Mas também posso dizer que, com certeza, valem a pena.

Nesse mesmo dia de atendimento, quando pensei em agradecer e me despedir dela, o Espírito Santo usou-a para me confrontar. Ela disse: "Roberta, não sou eu que vou ajudar você, não tenho esse poder, só o Espírito Santo pode curar você". À noite, senti que precisava orar sozinha na sala de casa, depois que todos tivessem dormido. Ali, prostrada ao chão, comecei a chorar pedindo ajuda ao Senhor. Eu indagava por que Deus nunca tinha feito nada para mudar minha vida, até que senti o Espírito Santo dizer: "Porque você toma a frente de tudo e não me dá espaço. Preciso que entregue todo o controle a mim".

> ***Aprendi, ao longo da jornada, que os processos de cura e transformação costumam ser mais lentos e dolorosos do que imaginamos. Mas também posso dizer que, com certeza, vale a pena.***

Foi naquele dia que eu verdadeiramente **me rendi** ao poder e controle de Jesus em minha vida. Entendi que eu já tinha aceitado Jesus como meu Salvador, mas precisava aceitá-lo como meu Senhor, aquele que dirige as minhas decisões. Eu tinha de colocá-lo no banco do motorista, não do passageiro, permitindo que me conduzisse pelo caminho que havia determinado. Orei, pedindo perdão a Deus por colocar pessoas acima dele e confiar mais em técnicas e diplomas do que nele. Aproveitei para me libertar das expectativas exageradas que eu havia colocado naquela irmã querida que me ajudava e depositei minha maior esperança em Jesus. O Senhor ainda iria operar por meio dela, mas o poder ativador de cura viria dele e

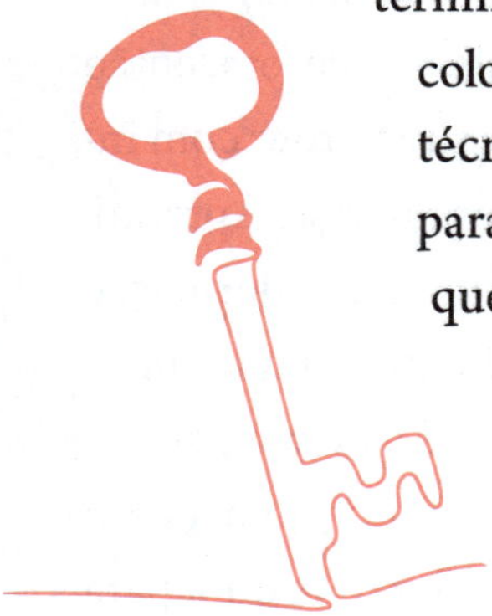

ela seria seu lindo instrumento, que abriria a primeira porta de cura nesse longo processo.

No decorrer dos encontros, ela dividia suas histórias pessoais comigo, contando sobre como o amor de Deus havia curado as suas feridas, e a cada sessão dizia: "Somos eu, você e o Espírito Santo, é ele quem conduz nossa conversa". Ela me ensinou que o Pai se importa conosco nos mínimos detalhes e que desenvolver um relacionamento demanda abrir o coração e colocar para fora o que nos incomoda. Precisamos falar com o único que tem poder para ajudar. Para cultivar uma relação com Deus, temos de dividir absolutamente tudo e confiar que ele trabalhará em nosso favor. As orações dela eram simples, porém detalhistas, carregadas de intimidade, poder e amor.

Com ela, aprendi a orar abrindo o coração e sendo sincera. Entendi que eu não estaria "amolando" Deus com meus problemas e poderia recorrer a ele o tempo todo. Sempre pensei que ele teria coisas mais sérias para cuidar, como a fome e a injustiça no mundo. Mas Deus é onipresente e onipotente, está em todo lugar e tem poder sem limites. A partir do momento que entendi isso, minhas orações, que antes eram superficiais e apresentadas só em casos de doença ou situação financeira escassa, passaram a ser cada vez mais frequentes. Era como ter acesso a um consultório terapêutico do mais alto nível a hora que quisesse. Passei a derramar diante do Senhor minha alma, feridas e dores do passado. Aquela querida amiga foi um instrumento para me conectar com o amor do Pai e desenvolver intimidade com ele, sou extremamente grata por sua vida.

CAPÍTULO 6

Acelerando o processo de cura

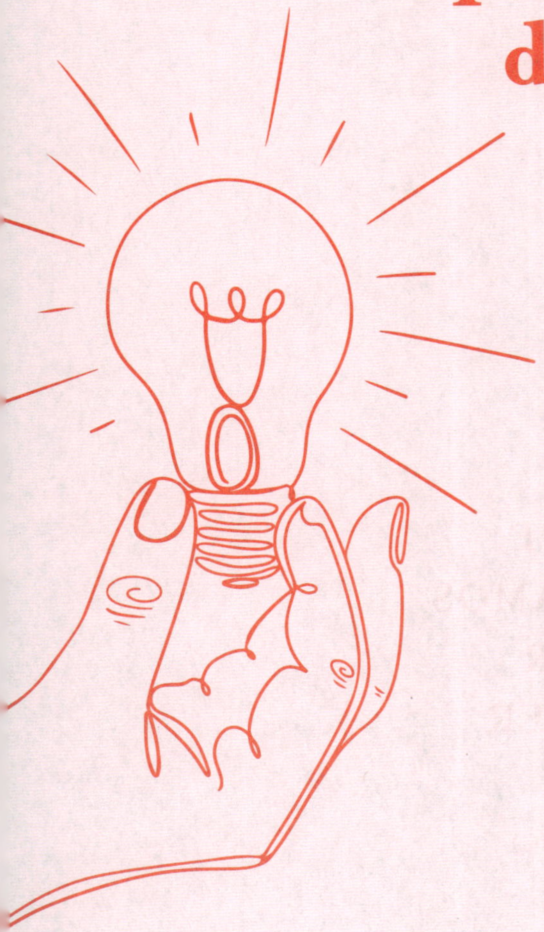

“AQUILO QUE
NOS RECUSAMOS
A ENTREGAR
NÃO PODE SER
CURADO.”

(BRENNAN MANNING)

Graças a Deus, tive um romper incrível nessa fase inicial do tratamento. Mas havia bastante lixo emocional acumulado em mim, pois costumava jogar tudo para debaixo do tapete, com medo de entrar em contato com meus sentimentos, e isso se deu por muitos anos. Colocava as máscaras certas para ser aceita nas rodas de conversa, fingindo sempre estar bem, com um belo sorriso no rosto, disposta a ajudar as pessoas e sem saber dizer não a ninguém. Eu era a "boazinha" da turma, a calma, a paciente. Na verdade, era boa na atuação dessa personagem legal e simpática; além do mais, aquelas máscaras já haviam grudado em mim, era como se já fizessem parte da minha identidade. Eu vivia em busca de agradar a todos para ser aceita e me sentir amada.

Porém, finalmente chegou a hora de levantar o tapete e encarar aquele lixo fedorento tão bem escondido. Um dia, olhando as redes sociais, uma querida irmã compartilhou uma mensagem com o seguinte tema: "Quem é você quando ninguém está olhando?", da Helena Tannure. Aquele título veio ao meu encontro como uma flecha, atingindo-me em cheio. Então, não pude resistir e ouvi a pregação no mesmo instante. A cada palavra que ela dizia, eu me encaixava perfeitamente, era como olhar-me em um espelho. Ela contou parte do seu testemunho relacionado aos abusos sexuais que havia sofrido na infância e o impacto disso em sua vida com Deus e com as pessoas, revelando o quanto também usara máscaras para ser aceita.

A cada palavra que ela dizia, eu me encaixava perfeitamente, era como olhar num espelho.

Após essa primeira mensagem, o Senhor intensificou o tratamento que ele já havia começado nos encontros que tive com aquela querida irmã na igreja. Durante quatro meses, todas as madrugadas, depois que todos em casa dormiam, eu ia para a sala com o notebook; fechava a porta e ouvia mensagens e mais mensagens da Helena Tannure e da Joyce Meyer, que descobri em um vídeo da Helena. Eu via tanto poder de Deus e unção na vida delas que passei a crer que havia esperança de restauração para mim. Após cada mensagem que ouvia, eu me derramava na presença do Senhor, prostrada no chão, chorava, confessava os meus erros, arrependia-me, pedia perdão, e o Espírito Santo me quebrantava por completo. Eu estava sendo totalmente quebrada, como um vaso de barro nas mãos do Oleiro, para ser reconstruída por seu amor (cf. Jeremias 18.4-6).

Foram momentos de tratamento intenso e íntimo, com muito choro, baba e "ranho" (risos). Creio que meu coração estava sendo preparado para que Deus mexesse nas minhas raízes mais profundas, até que minha terra se tornasse fértil como nunca antes. A Helena costuma sempre cantar uma canção durante a mensagem ou no apelo final, e houve três que me marcaram fortemente nesse período: "O bálsamo de Gileade", "Há esperança" e "Me refaz", todas do grupo Diante do Trono. Se puder, ouça-as e entregue-se em adoração, pois sei o quanto o Senhor opera através dessas letras e melodias.

Esses louvores foram a minha oração durante aquele tempo. Por isso digo: quando estiver sem forças até mesmo para orar, ouça louvores e deixe o Espírito Santo trabalhar em seu coração. O louvor é muito importante, pois, por meio dele, o Senhor muitas vezes opera trazendo libertação, cura e resgate. A minha vida só começou a mudar quando eu abri espaço e dei licença para o Espírito Santo trabalhar em mim.

LIBERTAÇÕES ESPIRITUAIS

Quando ouvi o testemunho completo da Helena Tannure, identifiquei-me muito com os mesmos pontos fracos que ela tinha antes de ser curada. Foi como se Deus acendesse a luz dos quartos escuros da minha alma e, com amor, me mostrasse quanta sujeira estava acumulada ali. O Senhor foi **iluminando** minha alma e me revelando cada pecado não confessado, gerando arrependimento em todas as áreas da minha vida. Assim se iniciou um processo de libertação e santificação, que consistia em identificar e reconhecer o pecado, dar nome a ele, renunciar seu poder sobre mim, arrepender-me genuinamente, até doer e sangrar a alma, produzindo constrangimento e vergonha relacionados a cada pecado que Deus sinalizava em meu interior.

Então, eu pedia para que o Espírito Santo enchesse minha mente, alma e espírito com seu poder e limpasse completamente o meu interior. Era uma verdadeira guerra! Eu pedia autoridade espiritual para lutar contra as forças das trevas que insistiam em me intimidar. Nesse período, eu tinha sonhos tenebrosos, assustadores, confusos e com muito conteúdo promíscuo. Creio que eram processos espirituais sendo operados em mim, e os sonhos eram ferramentas que meu inconsciente usava para liberar toda a perversidade que trouxeram sobre minha vida.

Enquanto eu vivia meus processos de intimidade com Deus no chão da sala de casa, ele conduzia aquela irmã a tratar as mesmas áreas nos encontros, e ela me guiava em libertação espiritual. Houve uma tarde em que esse processo foi tão intenso que passei muito mal, a ponto de vomitar. A pauta era liberar perdão para minha mãe por ter me exposto às visitas na cadeia do Carandiru, onde aquele homem que lhe transmitiu AIDS estava preso. Quando ela pediu que eu repetisse uma oração, que continha a palavra "prisão", simplesmente não consegui falar.

Foi como se Deus acendesse a luz dos quartos escuros da minha alma e, com amor, me mostrasse quanta sujeira estava acumulada ali.

Minha língua travou, minha boca não abria de jeito nenhum; parecia que algum demônio estava exercendo força sobre meu corpo, e acho que, de fato, estava. Não perdi a consciência nem por um minuto, mas senti um misto de forças das trevas contra meu corpo, com uma catarse emocional e surto psicótico. Eu chorava desesperadamente, tinha vontade de sair correndo e ouvia uma voz grossa e forte tentando me convencer a não liberar perdão e desistir da minha cura. Isso com certeza foi uma flecha de Satanás, que estava perdendo território.

Tratava-se de uma verdadeira guerra. A irmã que intercedia por mim se surpreendeu com a proporção que aquelas orações de libertação tomaram e correu para chamar outra intercessora, que "por coincidência" estava na igreja naquele exato momento. Quando ela chegou, sem saber o que acontecia, começou a orar para que o Senhor tapasse os meus ouvidos para as mentiras do diabo e os ungiu. Mais uma vez, o Espírito Santo trazia a direção de como agir e, pouco tempo depois, os pensamentos perturbadores pararam, o desespero foi embora e eu me acalmei.

Havia uma fortaleza em minha mente, um lugar de domínio da ferida da orfandade que me mantinha presa àquela gaiola, e somente submetendo meus pensamentos ao governo de Cristo foi possível destruí-la. Percebemos que seria necessário voltar ao início de tudo para que Deus me libertasse completamente, então marcamos dois novos encontros, com três intercessoras. Todas elas se prepararam com jejum e consagração, focadas no propósito da minha libertação. Elas dedicaram duas tardes inteiras para esses processos espirituais mais intensos; afinal, estávamos lidando com algo além das emoções, era uma verdadeira batalha espiritual.

Chegada a hora marcada, uma delas me surpreendeu dizendo: "Hoje vamos falar dos abusos". Eu achava que íamos tratar a respeito da minha mãe e quase voltei para casa quando ouvi aquilo; mas ela comentou que não me avisou antes justamente porque sabia que ia haver resistência. Então pediu que eu descrevesse, um a um, em ordem cronológica, todos os abusos sexuais que eu tinha sofrido. Após dizer os nomes e o que eles faziam, nós orávamos, eu liberava perdão e orava para que o Senhor abençoasse os abusadores. Foram três horas entre descrever, declarar a Palavra de Deus, orar e liberar perdão. Havia muita opressão, por isso passei mal algumas vezes, mas o Espírito Santo agiu com grande poder, e eu fui liberta nessa área, para honra e glória do Senhor.

A DESPEDIDA FINAL

No encontro seguinte, cuidamos da libertação em relação à minha mãe. Foram mais de cinco horas, da mesma forma, entre descrever, orar, liberar perdão e declarar a Palavra. Muitas coisas estavam guardadas e reprimidas dentro de mim contra ela, eu cultivava uma raiva velada. Isso me surpreendeu bastante, porque eu jamais havia imaginado que teria raiva da minha mãe ou tivesse de liberar perdão a ela, principalmente porque me parecia muito estranho perdoar alguém que já morreu. Religiosa como era, julgava esse ato como alguma ação ligada ao espiritismo.

Mas a verdade é que ninguém invocava "o espírito" dela, apenas tratávamos as minhas lembranças e sentimentos que estavam presos às experiências vividas com ela. Embora minha mãe já não estivesse presente, eu me encontrava aprisionada a tudo o que tinha vivido por causa de suas decisões e escolhas. Então a irmã que me atendeu ao longo do meu processo de cura teve um direcionamento da parte de Deus para aplicar uma técnica terapêutica de despedida. Ela me perguntou se eu tinha coisas guardadas que gostaria de ter dito para minha mãe quando ela estava viva e que não tive oportunidade de dizer. E como eu tinha!

Sendo assim, ela pediu que eu colocasse uma foto da minha mãe à minha frente, simbolizando um encontro; fiz isso e comecei a falar. Foi muito importante para mim, pois eu não havia me despedido dela, já que perdera a lucidez em seus últimos dias de vida. Tampouco eu tinha tido coragem de falar sobre meu pai, meu nascimento, sobre a doença dela ou minha história. Enfim, foi um momento bem emocionante, em que pude perdoá-la, também pedir perdão, por tê-la julgado durante todos aqueles anos. Naquele dia, eu saí de lá leve e em paz, como nunca havia me sentido. Com a graça de Deus, toda a raiva reprimida foi transformada em amor, saudade e compreensão.

O Senhor me fez compreender cada uma das atitudes da minha mãe, mesmo as mais erradas (isso não significa, evidentemente, que concorde com elas). Aliás, em uma ministração da Helena Tannure, ouvi-a dizer: "ninguém é ruim de graça", o que realmente faz sentido, pois tudo o que minha mãe passou, em especial a ausência dos pais, levou-a a agir daquela forma. Uma das minhas maiores mágoas contra ela era o fato de ter continuado casada com meu padrasto, mesmo após ter descoberto os abusos que ele cometia contra mim. Meu inconsciente recebeu e interpretou essa postura como desprezo ou até indiferença da sua parte.

Naquele tempo, faltava-me conhecimento para compreender essa atitude dela, mas depois me dei conta de que, na verdade, ela não sabia ficar sozinha, dependia emocionalmente de alguém. Além do mais, estava doente, e penso que talvez ela se sentisse culpada por ter escondido dele a doença no início do relacionamento. Graças a Deus, nem o marido dela, nem minha irmã, nem eu contraímos o vírus. Mas devo admitir que, durante muito tempo, eu fiquei paranoica em relação a esse assunto; eu e minha irmã chegamos a fazer o exame a cada seis meses durante dez anos, até que o médico disse: "Vocês não têm o vírus HIV, essa hipótese está descartada. E se o contraírem no futuro, isso não terá relação alguma com a mãe de vocês".

Tive ainda outro encontro com aquela irmã da igreja. Dessa vez, o Espírito Santo conduziu para que eu deixasse minha irmã nas mãos dele. Eu tinha o peso e a responsabilidade de estar com ela por conta do que minha mãe tinha dito antes de falecer. Porém, eu já havia feito muito mais do que poderia, já estava mais do que na hora de entregá-la nas mãos do Senhor e descansar. Eu não poderia controlar as atitudes, decisões e muito menos o futuro dela, então de que adiantaria sofrer? Ao ministrar sobre mim, a irmã disse: "Como você não pode devolver essa responsabilidade para sua mãe, você vai devolvê-la para o Senhor. Deixe-o cuidar dela daqui para frente". Então fizemos esse ato em oração, e um processo de desfazer toda culpa e dependência emocional que eu tinha da minha irmã foi iniciado.

Já no fim do tratamento, foi levantada a questão do meu pai biológico. Por mais que não o conhecesse, liberei perdão e orei para que o Senhor o abençoasse. Ele havia dado dinheiro para a minha mãe me abortar e me rejeitado; e mesmo sabendo do meu nascimento, nunca teve interesse em me conhecer. Mas eu estava prestes a descobrir o verdadeiro amor de um Pai que nunca rejeita, abandona ou despreza.

DE ALTA E COM AS CHAVES NAS MÃOS

Naqueles encontros de cura, sempre disse que eu queria viver "a minha verdadeira história". Então eu afirmei que, a partir daquele momento, comemoraria os meus aniversários no dia em que de fato havia nascido (3 de maio), porque foi essa a data que Deus escolheu para que eu viesse ao mundo. Também decidi que queria conhecer meu pai biológico e tentar entender um pouco mais o lado dele. Ao mesmo tempo, eu tinha medo de me machucar; como eu estava me sentindo muito bem naquela etapa do processo, não tinha muita segurança para mexer nessa ferida. Só que meu coração ficava insistindo nisso, e eu aprendi que, quando algo nos incomoda demais e não sai da nossa mente, pode ser o próprio Espírito Santo nos dando um direcionamento.

Em dezembro de 2012, a irmã que me acompanhava me deu alta. Agradeci imensamente a ela por ter se colocado à disposição do Espírito Santo para ser tão usada por ele, agradeci também à igreja, que nos deu toda a cobertura espiritual, e às irmãs intercessoras. Nunca me esqueço daquelas mulheres que se dedicaram a jejuar e orar por mim, além de deixarem seus afazeres e suas famílias para estarem ali por tantas horas comigo, sem cobrar nada. Fui profundamente tocada por aquela demonstração do verdadeiro amor de Deus, e é esse mesmo amor que me move hoje e me fez escrever este livro. Eu creio que, através dele, Jesus vai alcançar incontáveis vidas, assim como me alcançou um dia.

Por fim, eu já havia recebido algumas chaves para sair da "gaiola emocional". Daquele ponto em diante, eu precisaria ser intencional no uso dessas chaves, que consistiam em tudo o que aprendi: oração, Palavra de Deus, arrependimento, perdão, intimidade com o Senhor, dedicação ao estudo, santificação e crescimento. Eu estava como um passarinho solto em busca de um lugar para pousar, e esse lugar só poderia ser o Senhor Jesus. Deus tinha planos de me fazer voar em direção a outras gaiolas para resgatar e abrir as suas portas, para que vidas aprisionadas fossem livres e voassem para o seu destino: nascia o projeto **Saradas para sarar.**

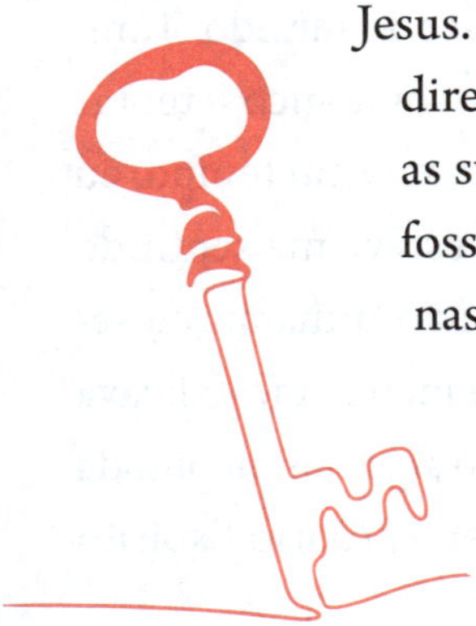

A partir daquele instante, continuei em meu processo de busca por conhecer mais intimamente o Senhor, em oração diária, leitura da Palavra e momentos devocionais. Sempre pedia para que ele continuasse me moldando, me ajudando a retirar mais pedras que houvesse na minha mochila, e assim eu pudesse seguir leve e em paz na minha caminhada. Pedia para que ele iluminasse onde ainda estivesse escuro. Tudo o que eu aprendia nas mensagens que assistia e tudo o que recebia de instrução ao ler a Palavra do Senhor, empenhava-me, com a ajuda do Espírito Santo, para colocar em prática.

Deus tinha planos de me fazer voar em direção a outras gaiolas para resgatar e abrir as suas portas, para que vidas aprisionadas fossem livres e voassem para o seu destino: nascia o projeto Saradas para sarar.

Comecei a ouvir as mensagens da Ana Paula Valadão também. Que mulher cheia de unção! Através dos louvores e ministrações que ela fazia, eu era profundamente tocada. Assistia aos cultos de mulheres pelo site, e começou a brotar em mim o desejo de participar do Congresso de Mulheres Diante do Trono. Mas como eu ainda pensava demais nas condições financeiras como um fator limitante, dizia: "Quem sabe daqui a uns três anos eu vou".

RENÚNCIAS E NOVOS COMEÇOS PROFISSIONAIS

Um ponto interessante é que, ao longo desse período de encontros para conversas, cura e libertação, estive afastada do trabalho por conta de uma tendinite e bursite avançada. Minha licença médica durou cinco meses, tempo exato do tratamento que passei com a irmã na igreja. Deus é perfeito em seu tempo, o *kayrós*, e aproveitou um problema físico para me fazer parar por um momento. Assim eu tive a oportunidade perfeita de olhar para dentro de mim e logo percebi que essa pausa carregava o propósito de eu ser curada em minha alma.

Sempre fui uma mulher ativa em meus afazeres e acredito que essa postura foi necessária para me manter firme em muitos momentos da vida. Mas processos de cura exigem uma pausa para avaliarmos o que temos feito e os frutos que temos colhido, para refletirmos sobre as sementes que temos lançado ao longo do caminho. Na minha colheita, havia muitos frutos podres, porque minhas raízes estavam apodrecidas. Porém, o Senhor começou a curar as minhas raízes mais profundas, e eu precisava de tempo para colocar os adubos certos e cuidar desse jardim chamado família e vida com Deus.

Deus é perfeito em seu tempo, o* kayrós*, e aproveitou um problema físico para me fazer parar por um momento. Assim eu tive a oportunidade perfeita de olhar para dentro de mim e logo percebi que essa pausa carregava o propósito de eu ser curada em minha alma.

Havia tempos, Deus já estava me dando sinais de que era hora de eu parar de trabalhar fora para cuidar das minhas filhas. Também não era segredo que meu esposo sempre quis que eu fosse uma mãe mais presente na vida das meninas e dizia que, quando ele tivesse um salário um pouco melhor, gostaria que eu parasse de trabalhar para me dedicar mais a elas. O Senhor já tinha mandado um emprego mais bem pago para ele, só que eu ainda não havia renunciado meu trabalho externo. Então se iniciou uma chuva de confirmações da parte de Deus para que eu entendesse que era tempo de confiar ainda mais nele e depender financeiramente do meu marido. Que tratamento intenso para uma mulher autossuficiente, orgulhosa e que só via seu valor no trabalho que exercia e no dinheiro que trazia para casa.

Eu ainda era bem iniciante no processo de aprender a descansar no Pai e pensava muito no dinheiro que ia fazer falta, na construção da casa que ainda não havia acabado, em todos os problemas possíveis e imagináveis. Foi quando o Senhor falou claramente ao meu coração que eu estava sendo ambiciosa demais, que ele já havia enviado os recursos e eu ainda não lhe tinha obedecido. Disse também que queria que eu tivesse tempo para buscá-lo e conhecê-lo, então finalmente obedeci. Contudo, essa mudança não seria tão simples, muitas pessoas achavam que eu estava maluca por jogar fora um cargo público, que é concorrido e bem estável; fora isso, sempre fiz mil coisas ao mesmo tempo.

Para suavizar essa transição, meu marido trouxe uma estratégia: ele sugeriu que eu montasse uma pequena loja de roupas no bairro em que morávamos. Paulinho se preocupava em me ver "parada" em casa, temia que eu voltasse a ter alguma daquelas crises ou acabasse com depressão. Como a loja ficaria perto de casa e próxima ao colégio das meninas, eu pensei o seguinte: de manhã cedo, eu arrumaria a casa e faria almoço bem rápido; às dez, iria para a loja com a Lavínia e, à tarde, ficaria com a Amanda. Eu estaria trabalhando e cuidando das minhas filhas ao mesmo tempo. Também aproveitaria os intervalos para ler a Bíblia e continuar ouvindo pregações.

Orei e pedi direção ao Senhor, porque já tinha aprendido que deveria fazer isso sempre. Como meu marido e eu tínhamos paz no coração, fechamos o negócio. Creio que Deus me deu essa oportunidade para mostrar que ele me capacitaria a fazer algo que eu nunca havia feito. A princípio, rejeitei um pouco a ideia de vender roupas, porque não comprava nada para mim, não era consumista e, como tive problemas com autoestima por muitos anos, não me sentia capaz de executar esse tipo de trabalho. Porém, foi nessa fase que o Senhor me fez perceber que, de fato, quem nos capacita é ele.

Abri a loja em dezembro de 2012, logo após a alta do tratamento terapêutico que fiz na igreja. O ritmo de lá me ensinou a relaxar um pouco, já que eu tinha de ficar esperando as clientes aparecerem; geralmente o movimento era fraco, e, seguindo o plano, consegui ler a Bíblia e outros livros, além de assistir a ministrações. Foi na loja que "maratonei" todo o conteúdo do canal da Helena Tannure na época, além dos vídeos do Congresso de Mulheres Diante do Trono.

INDO ATRÁS DO MEU PAI BIOLÓGICO

Paralelamente, a questão do meu pai persistia em minha mente. Assim que tive o resultado daquele primeiro exame de

DNA, busquei algumas pistas e informações que me levassem até o meu pai biológico. Uma tia me disse que eu tinha uma meia-irmã que morava no Rio de Janeiro e, por sinal, éramos bem parecidas. Também descobri que o tio da minha suposta irmã tinha trabalhado no restaurante com minha mãe; busquei algumas informações e consegui o telefone do local de trabalho dele. Eu sabia que tinha de começar a minha busca por esse homem, mas não tive coragem de ligar naquele momento, pois, no fundo, eu ainda não estava preparada para encarar essa história.

Finalmente, em fevereiro de 2013, tomei coragem e resolvi ligar para ele. Porém, como mais de um ano havia se passado, ele não trabalhava mais no local indicado. Logo vieram pensamentos de peso e culpa por eu não ter resolvido isso antes, tentando me parar; só que eles não prevaleceram, pois eu estava convicta de que a vontade do Senhor é soberana, e que se fosse intenção dele, de um jeito ou de outro, essa história seria desvendada. No mesmo dia, alguns minutos depois daquela ligação, meu telefone tocou, e a pessoa que havia me atendido me informou sobre outro lugar onde ele estava trabalhando. Eu mal podia acreditar, só poderia ser a mão de Deus conduzindo tudo. Pesquisei na internet o telefone do local e, imediatamente, liguei.

Assim que tive o resultado daquele primeiro exame de DNA, busquei algumas pistas e informações que me levassem até o meu pai biológico.

Quem me atendeu informou que ele trabalhava lá sim, mas que só estaria presente no dia seguinte, entre as nove e dez horas da manhã. Quando encerrei a chamada, mais pensamentos de dúvida surgiram: "Qual a probabilidade de esse senhor ser mesmo quem estou procurando?". Eu não tinha o sobrenome dele ou qualquer outra informação; existem milhares de restaurantes no Rio de Janeiro e milhares de pessoas com aquele mesmo nome. Mas decidi colocar a minha confiança em Deus e me derramei em oração, dessa forma pude estar mais em paz ao longo do processo.

De todo modo, foi bem emocionante. No dia seguinte, às nove horas, meu coração já começou a disparar e minhas mãos suavam frio. Assim que ele atendeu à ligação, eu precisava saber, antes de tudo, se era mesmo a pessoa por quem eu estava procurando, por isso perguntei se ele já tinha trabalhado no restaurante tal. Ele me disse: "Ih, minha filha, foi há mais de trinta anos". Eu pensei: "Glória a Deus, é ele mesmo". Então me identifiquei e disse o nome da minha mãe, ele se lembrou dela na mesma hora e perguntou como ela estava; eu disse que ela tinha falecido havia dezessete anos, e ele mal pôde acreditar.

Contei toda a história para ele, disse que tinha a informação de que ele seria o tio da minha suposta irmã e pedi para que ele me ajudasse a contatar meu pai biológico ou a sobrinha dele. Fui informada que o meu pai estava muito doente, tratando-se de um câncer, e morava em Portugal, mas ele ia tentar me ajudar, contando minha história para sua sobrinha. Eu agradeci imensamente e aguardei, louvando ao Senhor em todo o momento, pois ele já tinha me feito avançar em minha busca.

Alguns dias depois, ela me procurou e me adicionou em uma rede social, vimos fotos uma da outra e eu lhe contei minha história resumidamente. Então, ela me passou o número do seu telefone para conversarmos melhor. Liguei, e nós, que não nos conhecíamos e nunca tínhamos nos falado, ficamos quase quatro horas ao telefone. Após os primeiros quinze minutos de conversa, meu esposo até brincou: "Não precisa nem de teste de DNA, ela é sua irmã mesmo". Ela me contou bastante sobre a vida dela, e eu sobre a minha; lembro-me de que ela me disse: "Menina, a sua história daria um livro", sem saber que eu sonhava com esse projeto.

Contudo, as notícias sobre meu pai não eram boas: ele de fato estava doente, com câncer terminal, era um homem ruim, frio, de coração muito duro, aproveitador de mulheres e nunca tinha feito nada por ela, sua outra filha. Ele não quis sequer registrá-la, mal se falavam, tinham uma relação péssima, e ela não tinha o telefone dele ou qualquer outra maneira de contatá-lo. Depois dessa conversa, e de eu ter contado tudo para meu esposo, fui orar e agradecer a Deus, porque ele tinha me revelado mais aspectos da minha verdadeira história. Eu pude compreender ainda mais a atitude da minha mãe, que, na verdade, só quis me proteger daquele homem.

Eu e minha suposta irmã íamos falando por telefone, conhecendo-nos mais, e pedi ao Senhor a oportunidade de encontrá-la pessoalmente para propor um teste genético. Eu precisava dessa certeza e resolução na minha vida. Comecei a pesquisar os valores dos exames de DNA de irmandade no Rio de Janeiro, mas eram muito caros, e eu não teria condições de pagar; só que em São Paulo havia mais opções de laboratórios, com custos mais acessíveis. O desafio seria ter a coragem de pedir a ela para vir até São Paulo, afinal, não tinha intimidade suficiente para isso e eu nem poderia pagar as passagens dela.

Sendo assim, pensei em programar uma ida para o Rio de Janeiro, somente para conhecê-la. Acontece que, quando liguei para perguntar se ela poderia receber minha família e eu, ela me disse que, na mesma data, viria para São Paulo, pois tem parentes aqui. Aproveitei e perguntei se ela toparia fazer o exame de DNA, e ela concordou. Eu só sabia agradecer a Deus e cantar aquela canção:

> *"Não tenho palavras pra agradecer Tua bondade.*
> *Dia após dia me cercas com fidelidade,*
> *nunca me deixes esquecer que tudo o que tenho,*
> *tudo o que sou, o que vier a ser vem de Ti, Senhor,*
> *dependo de Ti, preciso de Ti, sozinho, nada posso fazer...*
> *Descanso em Ti, espero em Ti, sozinho, nada posso fazer."*[1]

Quando chegou a São Paulo, ela nos convidou para irmos ao seu encontro. Enfim, o grande dia tinha chegado, eu ia conhecer a pessoa da qual havia falado por tanto tempo. Isso, porque toda vez que aquela história vinha à tona, eu lembrava que tinha uma irmã no Rio e sabia que ela seria o caminho para que essa história se encerrasse. Nós nos conhecemos

1. Canção "Vem de ti, Senhor", por Ana Paula Valadão, Diante do Trono e Mariana Valadão, de 2002.

no dia 13 de julho de 2013, foi uma emoção muito grande, realmente éramos parecidas pessoalmente. Graças a Deus, a família dela é bem bacana e nos acolheu muito bem. Naquela semana, fizemos o exame de DNA, porém ainda havia 10% de chance de não chegarem a nenhum resultado, por sermos meias-irmãs e faltarem informações genéticas para um resultado 100% preciso.

Como esse tipo de exame é reconhecido pela justiça, não podem dar o resultado com menos de 90% de certeza. Mas eu estava certa de que Deus é quem tem o controle de tudo, e assim pedia e clamava a ele por um resultado certeiro, independentemente de qual fosse. Depois desse tempo de encontro e exame, ela voltou com sua família para o Rio, e após três semanas me ligaram do laboratório dizendo que eles haviam chegado a um resultado, mas seria necessário colherem novas amostras para terem a confirmação.

Conversei com a pessoa do laboratório sobre a dificuldade que teríamos para fazer essa coleta, uma vez que minha irmã morava no Rio. Então ela me disse que não era comum fazer um novo processo de contraprova, pois isso geraria mais custos para o laboratório, mas que, devido à situação, ela faria. Então, pediu para eu aguardar mais um mês, e o resultado seria enviado para o nosso e-mail.

Depois desse tempo de encontro e exame, ela voltou com sua família para o Rio, e após três semanas me ligaram do laboratório dizendo que eles haviam chegado a um resultado.

Nessa hora, confesso que fiquei emocionalmente abalada: seria possível que, depois de chegar tão perto, isso não teria fim? Logo lembrei que Deus tinha me levado até ali e a obra era dele, ele estava no controle. Quando fui orar à noite, eu só conseguia chorar, até que recebi um telefonema de uma grande amiga de infância, que hoje é pastora. Certamente, foi o Espírito Santo quem a inspirou a pegar o telefone. Eu abri meu coração naquela hora, e ela disse: "Vamos orar, Rô, Deus vai fazer o que for melhor para você". Assim, eu sentia o consolo do Céu. Amo demais essa minha amiga, e não foi coincidência ela me ligar naquele momento de dor.

Pela manhã, derramei-me na presença de Deus outra vez, rasgando meu coração, e orei assim: "Eu sei que o Senhor tem sido maravilhoso, trouxe-me até aqui, o Senhor já me fez avançar bastante na descoberta da minha história; mas o Senhor também sabe o quanto isso é importante para mim, e somente o Senhor pode me dar essa resposta. Minha mãe não está mais aqui para confirmar nada, mas o Senhor estava lá quando eu fui gerada, o Senhor sabe quem é meu pai biológico, e eu preciso muito descobrir isso. Peço que coloque as tuas mãos nos profissionais que estão examinando esse resultado e traga clareza para esse exame, eu suplico ao Senhor, em nome de Jesus".

Naquela manhã, experimentei um gesto de Jesus incrivelmente forte e real: senti-o ajoelhando-se ao meu lado, colocando as mãos por cima dos meus ombros e me dizendo "não temas, não temas". Ele repetiu essas palavras várias vezes, e, no mesmo instante, eu senti um calor forte nos ombros. Tive a certeza de que o próprio Jesus estava ali me consolando, e imediatamente uma paz enorme entrou em meu coração, e tive convicção de que ele faria o melhor para mim. O que eu não sabia era que, em breve, viveria muitos momentos como aquele.

CAPÍTULO 7

O congresso

A SUA ORIGEM EM DEUS CURA SEU PASSADO COM AS PESSOAS.

Por causa das minhas maratonas de ministrações do Congresso de Mulheres Diante do Trono, o desejo e o sonho de participar em alguma edição nasceram em mim. Naquele mesmo ano, 2013, pensei que já não seria possível, pois as inscrições haviam se encerrado em maio. Sendo assim, minha prima e eu combinamos de nos programarmos financeiramente para o ano seguinte. Qual não foi a minha surpresa quando, logo naquela semana do exame de DNA e da minha experiência com Deus, o meu esposo me informou que haviam aberto mais vagas para o congresso naquele mesmo ano.

De todo modo, como estava em cima da hora, continuei pensando que não poderia ir. O congresso aconteceria em Belo Horizonte e, portanto, além do ingresso, teria de bancar passagens e hospedagem, e não tinha me preparado para isso. Meu esposo, tentando me animar, disse para pesquisarmos quanto ficaria. Fizemos algumas cotações e vimos que os custos somariam cerca de R$ 1.200,00, o que seria bem desafiador considerando nosso orçamento. Mesmo assim, fiz o que tinha aprendido: orar e confiar que, se fosse propósito do Senhor a minha ida para aquele congresso, as portas seriam abertas, e ele providenciaria tudo o que fosse necessário.

No dia seguinte, liguei para a minha prima, que também sonhava em participar desse congresso, para lhe dar a notícia da abertura de mais vagas. Ela ficou superanimada, eu falei dos valores e ela disse que estava apertada financeiramente, mas tentaria dar um jeito de ir comigo. Pensamos em parcelar as passagens no cartão e dividir um quarto de hotel, assim ficaria mais barato para cada uma. Estávamos fazendo tudo o que podíamos, mas, no fim, sabíamos que a resposta viria do Senhor, por isso dissemos: "Vamos orar crendo que Deus proverá".

> *Fui fazer o que tinha aprendido: orar e confiar que, se fosse propósito do Senhor a minha ida para aquele congresso, as portas seriam abertas, e ele providenciaria tudo que fosse necessário.*

Alguns dias depois, minha prima começou a pesquisar hotéis, passagens, e fomos nos empolgando mais, pois percebemos que, com um pouco de esforço e planejamento, seria possível. Ela convidou a sogra dela também, então o quarto de hotel ficou mais barato ainda. Pagamos nossa inscrição e combinamos de fechar a hospedagem e as passagens na tarde seguinte, lá na minha loja de roupas.

Lembrei ainda que eu poderia ver quantas milhas tinha acumulado no cartão de crédito, e quem sabe eu conseguiria um abatimento nas passagens. Liguei na operadora do cartão e descobri que tinha milhas suficientes para ir e voltar de Belo Horizonte, pagando apenas a taxa de embarque. Glória a Deus, ele conduziu cada detalhe.

A CONFIRMAÇÃO DA PATERNIDADE BIOLÓGICA

Foi uma tarde de muitas emoções, e nós rimos bastante, porque eu não sabia como solicitar as passagens por milhas, e a atendente do cartão havia me informado que eu só poderia fazer esse procedimento pela internet. O processo durou quase uma hora e, em determinado momento, pediram que eu abrisse o e-mail para confirmar alguns dados. Para minha surpresa, tinha acabado de chegar um e-mail com o título: "Resultado de DNA". Meu coração disparou, e eu pensei: "Abro ou não abro?".

É curioso como eu tinha mania de imaginar como seria cada situação em minha vida, só que geralmente elas não aconteciam como eu havia pensado. Essa, definitivamente, era uma delas. Imaginei abrir o resultado sozinha, chorar na presença de Deus e ligar para meu esposo, que era a primeira pessoa a quem eu queria contar. Porém, o cenário naquele momento era totalmente diferente, o que não faltava era gente:

Para minha surpresa, tinha acabado de chegar um e-mail com o título: "Resultado de DNA". Meu coração disparou, e eu pensei: "Abro ou não abro?".

minha prima com os filhos dela, minha irmã (que morou comigo) com sua neném e minhas filhas. Como o atendente me pediu um momento para concluir o processo de transação das milhas, eu não resisti e abri.

A ansiedade tomou conta de mim, e vi que no resultado contava: "99,09% de chance de serem meias-irmãs caso sejam filhas de mães diferentes", e esse era exatamente o nosso caso. Eu disse: "Ai, meu Deus, é muita emoção para um dia só!", e minha prima disse: "O que foi, Rô, errou de novo?", referindo-se ao processo de emitir as passagens por milhas (risos). Eu não conseguia nem responder, tal era o sentimento, só apontei o dedo para o computador, e quando ela leu o resultado, abraçou-me comovida. As meninas, sem entender nada, me perguntaram: "O que foi, mãe?". Contei sobre minha irmã, e foi a maior festa, eu não sabia se chorava de emoção pelo resultado do exame ou se sorria porque, no mesmo instante, estávamos fechando nossa ida para o congresso.

Foi até engraçada a cena, porque, no meio de tudo isso, o atendente ainda estava no telefone comigo e deve ter pensado: "Que mulherada maluca!". Depois de tudo concluído, liguei para meu esposo para dar a notícia. Ele estava voltando do trabalho e passava bem perto da loja, logo apareceu lá também, e vivemos mais momentos emocionantes. Ali se encerrava um ciclo, no meio de toda aquela emoção e euforia. Fomos para casa e, no caminho, já liguei para minha irmã do Rio de Janeiro, falando para ela abrir o e-mail, porque o resultado tinha chegado. Ela ficou superfeliz e disse que tinha certeza de que eu era mesmo sua irmã.

Até hoje não tenho palavras para agradecer ao Senhor. Naquela hora, eu só dizia: "Deus, tu és maravilhoso, lindo, tu sabes o que é importante para nós e nos ajuda, mesmo sem merecermos". O sentimento era de muita gratidão ao Pai, eu pensava em quanta coisa boa o Senhor estava fazendo por mim: primeiro, o acompanhamento psicológico e as ministrações de cura e libertação; depois, o resultado do teste de DNA; e ainda a ida para o congresso. Eu me sentia muito amada por Deus e louvava intensamente a ele.

PREPARAÇÃO, CONSAGRAÇÃO E RENÚNCIAS

Com os ingressos comprados e toda a viagem reservada, comecei a me preparar para viver aquele congresso. A pastora Ezenete, que estava à frente da intercessão do evento, convocou 21 dias de jejum, Deus havia lhe dado uma direção de levar todas as participantes a orarem e jejuarem por sete áreas da vida. Primeiro, eu pensei em me abster de refrigerante, mas repensei, porque só tomava nos fins de semana. Senti que precisava fazer um sacrifício maior, então me veio a ideia de deixar de comer todo tipo de pão naquele período. Quem me conhece sabe o quanto amo pão.

O sentimento era de muita gratidão ao Pai, eu pensava em quanta coisa boa o Senhor estava fazendo por mim.

No dia seguinte, quando fui tomar café com bolacha água e sal, que eu acho muito sem graça, pensei comigo: "Pelo menos, tenho meu leite quentinho". Entretanto, quando fui colocar a xícara na boca, senti que o Espírito Santo queria me levar mais fundo em minha entrega: retirar o leite que eu tanto amava no frio (estávamos no inverno). O direcionamento era tão claro e forte, que decidi renunciar ao prazer do meu café com leite quentinho também. Aliás, aproveito esse caso para lembrá-la de obedecer a Deus sem questionar sempre que ele pedir algo para você, pois há grande recompensa a quem faz isso.

Fora isso, já havia alguns meses que Deus tinha me falado para reservar um tempo em minhas manhãs para orar e ler a Palavra. Eu já vinha fazendo a parte da oração em casa, mas a leitura da Palavra acabava sendo na loja. Só que lá havia a movimentação da rua e estímulos externos, que quebravam um pouco da minha concentração. Então, comecei a acordar mais cedo ainda para ter o tempo de oração, leitura e declaração da Palavra em casa, como estava nos propósitos do jejum. Isso fez uma diferença enorme, pois notei que comecei a ter mais intimidade com o Senhor.

Aproveito esse caso para lembrá--la de obedecer a Deus sem questionar sempre que ele pedir algo para você, pois há grande recompensa a quem faz isso.

No fim de semana seguinte, fomos à casa de uma amiga e a convidamos para o congresso também. Ela ficou até animada com o convite, mas disse que veria com o esposo se teria como ir e nos avisaria.

Comecei a orar para que o Senhor a preparasse para ir conosco, especialmente porque, quatro meses antes, ela tinha perdido a filha de apenas 13 anos e estava "brigada" com Deus; eu sentia que ela precisava mais do que nunca de um momento de reconciliação. Mas ele mesmo já tinha marcado esse encontro, e alguns dias depois tudo estava acertado para que ela fosse conosco.

Nós quatro ficaríamos no mesmo quarto de hotel e estávamos com grandes expectativas para as coisas que o Senhor tinha reservado para nós. Eu orava muito por minha prima e por minha amiga, para que esse congresso fosse um divisor de águas na vida delas, para que Deus as transformasse por completo e elas se rendessem inteiramente a ele. Orava também para que eu mesma pudesse chegar a um nível mais profundo de intimidade com o Senhor e que ele revelasse novas coisas para mim, em especial sobre minha vida profissional e ministerial.

Nessa época, eu sentia claramente em meu coração que já não fazia sentido manter a loja de roupas, tanto em relação ao meu propósito quanto financeiramente, por isso eu havia decidido, em oração, que a fecharia. Mas devo admitir que, mesmo buscando direcionamento do Senhor, eu tentava "ajudar Deus" a decidir meu futuro. Sabia que, fechando a loja, poderia ter mais tempo em casa com as crianças e para buscar ao Senhor. Só que, como ainda

Eu orava muito por minha prima e por minha amiga, para que esse congresso fosse um divisor de águas na vida delas.

me preocupava muito em "fazer", pensei em vender roupas por *delivery*. Já havia planejado tudo nesse sentido e decidido o que faria. Atenção: **eu** havia decidido, não Deus! Porém, eu também tinha uma sensação muito forte de que, depois do congresso, muita coisa mudaria em minha vida.

DIVISOR DE ÁGUAS: ANTES E DEPOIS DO CONGRESSO

Chegou o grande dia, 29 de agosto de 2013. Acordamos cedo, deixei a Lavínia na casa da minha irmã, que ajudaria meu marido a cuidar das meninas naqueles dias da minha viagem. Busquei as companheiras de viagem e partimos para o aeroporto. Eu e minha amiga iríamos viajar de avião pela primeira vez, então o frio na barriga era inevitável. Ainda bem que tínhamos minha prima, mais experiente nessa área, que nos ajudou bastante em todos os processos. No avião, eu fiquei impressionada contemplando tudo o que Deus criou: o céu, o horizonte, os mares, as montanhas, e pensava em como somente ele poderia ter feito tudo com tanta perfeição.

Pousamos em Belo Horizonte e seguimos rumo ao local do congresso, muito animadas e cheias de expectativa. Sempre digo para as mulheres que participam de eventos em que ministro: "Aumente a sua expectativa sobre o que Deus vai fazer em sua vida nesse encontro". Digo isso porque creio que, assim como aquela mulher do fluxo de sangue descrita em Lucas 8, que foi se arrastando, usando as poucas forças que tinha, com toda expectativa em seu coração de que se apenas tocasse na ponta das vestes de Jesus, seria curada, nós também devemos recorrer a ele com confiança. Cristo honrou a fé daquela mulher, a expectativa dela extraiu virtude e poder dele, a ponto de fazê-lo parar e questionar quem o havia tocado. Portanto, de hoje em diante, quando você for a algum evento como esse, vá com expectativa tal que extraia poder e virtude do Senhor.

Chegando lá, deparei-me com um monte de mulheres que deixaram sua casa, marido, filhos e tudo o mais para estarem ali com o Senhor em tempo integral. Atrasamos um pouco, mas quando entramos no auditório já começamos a sentir a forte presença de Deus que tomava conta do lugar. Então assistimos à pregação da pastora Ana Paula Valadão, que falou sobre como a mulher se vê, e no palco havia vários espelhos deformadores, que mostravam um reflexo invertido. Infelizmente, é isso que acontece na maioria das vezes, vemos uma imagem distorcida do nosso eu e acreditamos nisso. Mas a Ana nos pedia para dizer: "Reconheço o inimigo, identifico a mentira e a substituo pela verdade".

Cristo honrou a fé daquela mulher, a expectativa dela extraiu virtude e poder dele, a ponto de fazê-lo parar e questionar quem o havia tocado.

Achei muito interessante como o Senhor conduziu o congresso, inspirando os palestrantes a ministrar de forma bem didática. Aquele dia terminou com a expectativa do que Deus faria no seguinte. E, no segundo dia, a pastora Helena

Tannure ministrou. Claro que eu estava muito feliz por assistir a uma pregação dela ao vivo, pois, durante meses, todas as noites éramos eu, o Espírito Santo e as pregações dela via internet. Mesmo sem saber, ela fazia parte da minha história, e eu considerava um verdadeiro presente de Deus o fato de estar ali, por isso agradecia ao Senhor o tempo todo.

Em certo momento, encontrei também aquela irmã da igreja, a psicóloga, que havia me atendido e me ajudado tanto, isso foi muito significativo. Que felicidade ver as pessoas mais importantes que Deus havia usado para trazer a cura sobre minha vida tão pertinho de mim!

NOS BRAÇOS DO PAI

Começou o louvor da segunda noite do congresso, com a Ana Paula e o grupo Diante do Trono, e eu nem imaginava o que Deus reservara para mim naquela noite. A Ana dizia: "Adore ao Senhor, louve intensamente, não se distraia". Eu estava com minha câmera fotográfica digital registrando todos os momentos, afinal, era um sonho sendo realizado. Mas, de repente, uma atmosfera ainda maior de unção foi chegando àquele lugar e a presença poderosa do Senhor se derramava sobre os ministros. Senti o Espírito Santo dizer ao

meu coração: "Pare de tirar fotos, guarde a máquina e me adore mais intensamente"; obedeci e, no mesmo instante, me entreguei totalmente em louvor e adoração a Deus, sem distrações. Logo comecei a falar em línguas espirituais, acessando um lugar de mais profunda intimidade na presença dele.

De repente, senti uma força absurda sobre meu corpo, que me curvava a ponto de deixar minhas pernas bambas. Meu corpo tremia com calafrios e o coração disparava a mil. Tudo o que restou a mim foi render-me completamente e prostrar-me no chão. Naquele momento, eu já não ouvia mais nada do que a Ana ministrava ou cantava, era eu e Deus no mais íntimo. Eu estava tomada por uma força que nunca havia sentido antes, envolvida intensamente no poder do Espírito Santo, parecia até que estava em outra dimensão. Até que ouvi a Ana dizendo a palavra "pai", e "homens que abusaram de você".

Nesse mesmo instante, uma força inexplicável me ergueu, e o Espírito Santo tomou a minha vida naquele instante com um fogo que me queimava por completo. Senti essa mesma força erguendo meu rosto para o alto e eu dei um grito, mas não foi um grito qualquer, foi um "urro" bem longo, com todas as minhas forças. Tive dores abdominais e no peito, era como se algo estivesse sendo arrancado das minhas entranhas; nessa hora, tive a visão de Jesus arrancando, com suas próprias mãos, uma raiz podre enorme. A imagem era

O Espírito Santo tomou a minha vida naquele instante com um fogo que me queimava por completo.

tão forte que fiquei impressionada! Foi algo sobrenatural, inexplicável, quase que indescritível.

Em seguida, tive a sensação de ser chamada para ir ao encontro de Jesus, ouvi a Ana dizer: "Corra para os braços do Pai, corra, ele está te esperando, vá abraçar o Pai", e imediatamente uma força me levou a correr desesperada ao encontro do Pai. Sentia o ímpeto de continuar correndo por todo aquele espaço gigante onde ocorria o evento para mais de 10 mil mulheres, até chegar perto do palco; eu corria de braços abertos com uma sensação de liberdade nunca antes experimentada.

Naquele momento, outra visão surgiu: parece que eu estava correndo em um jardim e via o Senhor Jesus, com uma veste branca, me esperando de braços abertos. Era como se estivéssemos só eu e o Pai naquele lugar, eu não via mais ninguém. Cheguei à frente do palco, joguei-me prostrada ao chão e pude sentir Jesus me abraçar bem forte e dizer claramente: "Hoje eu estou selando a tua cura", ele repetia várias vezes essa mesma frase. E continuou: "O que eu comecei no passado, estou selando hoje". Aquela experiência foi inesquecível.

Pude sentir Jesus me abraçar bem forte e dizer claramente: "Hoje eu estou selando a tua cura".

Quando voltei para o meu lugar, Deus continuou a falar claramente ao meu coração: "Não conte nada para ninguém hoje, não revele nada ainda, pois há muito mais a ser feito". Aprendi que enquanto o Senhor trabalha em áreas profundas da nossa vida, é necessário cuidado para não expor o que ainda não pode ser compartilhado. Por exemplo, um bebê que está sendo gestado cresce no secreto, as pessoas podem ver a barriga de sua mãe crescer aos poucos, mas ninguém vê a vida que está se desenvolvendo ou como se formam seus pequenos ossos. Naquela hora, eu estava no secreto com meu Criador, recebendo dele a vida necessária para curar toda a morte que foi lançada em mim com aqueles traumas e dores emocionais.

UMA FILHA AMADA DO PAI

Aquele bloco de ministrações marcou minha vida, pois enfim pude sentir e perceber que realmente tenho um Pai. Um Pai que se importa comigo, que me ama, que me aceitou como eu estava, que sempre se fez presente em minha jornada, nunca me abandonou e sempre providenciou colo, abraço e cura para minha alma. Eu me imaginei como criança no ombro de um Pai que, orgulhoso, leva a filha para cima e para baixo. A canção "Nos braços do Pai" foi o tema principal daquela noite, e foi repetida várias vezes, enquanto o Senhor gerava cura em filhas órfãs como eu.

Creio que, naquela noite específica, o Espírito testificou ao meu espírito que sou filha, exatamente como na passagem bíblica:

> *Pois vocês não receberam um espírito de escravidão, para novamente temerem, mas receberam o Espírito que os torna*

> *filhos por adoção, por meio do qual clamamos: "Aba, Pai".* ***O próprio Espírito testemunha ao nosso espírito que somos filhos de Deus. (Romanos 8.15b-16)***

Para fechar com chave de ouro, a Ana cantou uma canção autoral que também marcou a minha vida; ela encerrou aquele lindo dia ministrando outra vez sobre um encontro com a presença real do Pai. Vou colocar um trecho da letra dessa música aqui, para que você também possa ser impactada por ela. Sugiro que procure a canção completa e a ouça nas plataformas digitais, porque a melodia é emocionante, e não me canso de escutá-la, chama-se "Agora eu vejo". Sem dúvida, essa música carrega cura do Pai para nossa identidade:

> *"Eu vi quando a luz brilhou na escuridão*
> *As cadeias caíram, os inimigos fugiram*
> *E agora eu vejo, olho pra ela e vejo*
>
> *Uma filha, amada do Pai, a menina dos olhos de Deus*
> *Obra-prima das suas mãos, escolhida nessa geração*
> *Eu vejo uma alma curada, guerreira, ousada*
> *Mulher virtuosa, vitoriosa."*[1]

Encerrado aquele dia de evento, fomos para o hotel, e eu não tinha forças nem para falar; na verdade, meu espírito estava numa quietude sublime, repleta de paz e graça.

---

1. "Agora eu vejo", por Ana Paula Valadão Bessa.

Que delícia! Naquela noite, eu nem dormi, não conseguia parar de chorar ao lembrar da presença real de Deus, revelando-se a mim como um Pai amoroso. Eu sentia como se houvesse borboletas em meu estômago, um frio na barriga e o coração acelerado, era uma sensação física inexplicável que levou dias para passar.

Quando amanheceu, minhas amigas e eu começamos a nos arrumar para o último dia do congresso, era um sábado, dia 31 de agosto de 2013. Lembro-me de que pensei: "Depois do que vivi ontem, não preciso de mais nada", porém sentia que ainda teria muito mais. Agora, o que esperar depois daquela experiência incrível?

TODO LIXO AOS PÉS DA CRUZ

Chegamos ao terceiro dia, e, como disse a pastora Ezenete, aquele seria o dia da ressurreição. Já no início, a Ana começou a ministrar com a banda, então eu me rendi em louvor e adoração, entronizando o Senhor, que já derramava poder e unção, além de revelar mais coisas para mim. Ele dizia: "No lugar de vergonha, dupla honra. Depois de selada a sua cura, no lugar de vergonha, darei a você dupla honra". Essa frase se repetia várias e várias vezes em minha mente, e outra vez senti a força do Espírito

sobre mim, levando-me a me prostrar no chão. Veio em seguida o convite de Cristo: “Deixe aos pés da minha cruz todo o lixo que foi depositado em você”.

Logo depois, tive uma visão: havia uma cruz enorme, bem grande, bem alta, e ele, o próprio Jesus, com veste longa e branca, retirava sacos e mais sacos de lixo, grandes e cheios, de dentro de mim. Ele colocava todos aqueles sacos amontoados aos pés da enorme cruz, mas eram muitos sacos mesmo, tantos que quase alcançavam o topo da cruz, que era altíssima. A cena era realmente impressionante!

Após essa visão, fui ministrada sete vezes com a frase: “Limpa, limpa! Agora você está limpa por minhas águas purificadoras”. Eu me senti mais leve ainda do que já estava, senti-me livre, purificada pelo sangue de Jesus; e, no mesmo instante, o Espírito Santo me fez lembrar de uma visão que a sobrinha daquela irmã da igreja (a psicóloga) teve sobre mim. Em sua visão, o Senhor lhe mostrava os meus pés plantados em ribeiros de águas limpas, cristalinas, águas purificadoras, e ele dizia que me daria intrepidez para falar e que o Espírito Santo fluiria sobrenaturalmente através de mim. Naquela hora, eu pensei: “Esse processo está começando aqui”.

Depois de selada a sua cura, no lugar de vergonha, darei a você dupla honra.

A seguir, a Ana sugeriu o seguinte: “Dance com o Senhor, ele quer dançar com você para celebrar”, e uma atmosfera de alegria e festa tomou aquele lugar. Eu, que antes só sabia sentir tristeza e dor, fui tomada por uma alegria que nunca havia sentido antes. Imaginei, visualizei e senti, de fato, como se Jesus estivesse ali dançando comigo, celebrando a nova etapa que ele trazia para a minha vida. Que momento único, lindo e maravilhoso! Outra vez, eu só sabia agradecer e agradecer, meu ser estava repleto de pura gratidão ao Pai.

Sei que tudo isso que você lê pode parecer meio louco, mas aprendi a não questionar as diversas maneiras que Deus usa para curar cada um. Quando deixamos a racionalidade um pouco de lado e confiamos no agir de Deus, ele pode acessar lugares em nossas emoções que talvez não fossem tão fáceis acessar por meio da razão. Também não estou incentivando você a nunca usar a razão, obviamente, apenas quero encorajá-la a discernir o momento propício para cada coisa, de acordo com o propósito do momento. É fundamental estarmos abertas para a ação do Espírito Santo, segundo a maneira e o tempo dele.

Hoje em dia, a neurociência já comprova que imagens e sensações sentidas curam memórias de dor e acionam neurotransmissores associados à regulação emocional, ao bem-estar e ao prazer. Creio que todas essas visões e sensações foram instrumentos que Deus usou para curar marcas profundas de dor em mim.

SOMOS MULHERES SARADAS PARA SARAR

Antes de o último bloco do evento ser iniciado, resolvi encarar a fila do estande da pastora Helena Tannure. Ela estava lançando um livro e se dispôs a cumprimentar, tirar fotos e dar dedicatórias a todas que quisessem, porém havia muita gente, creio que todas eram mulheres que também foram grandemente abençoadas por seu ministério, assim como eu. Esperei cerca de três horas, porque realmente queria abraçá-la e agradecer-lhe pessoalmente, e posso dizer que valeu a pena, pois ela me disse uma frase que faria sentido para mim tempos depois, quando este livro nascesse.

No acolhedor encontro com ela, eu disse que a minha história de vida era parecida com a dela e que o Senhor tinha usado seu testemunho para me incentivar a crer que havia esperança para mim. Então, ela disse: "Somos mulheres **saradas para sarar**". Parece que o Espírito Santo me impeliu a falar com ela, porque tinha algo a me revelar com essa frase. Só entendi quando, quase dois meses após esse encontro, Deus me trouxe à memória aquelas palavras como um direcionamento para o título deste livro.

Voltamos para o auditório, e se iniciava a parte final do congresso, era o terceiro dia, o dia da ressurreição. Aleluia! Logo após o louvor, fizemos um ato profético com a pastora Ezenete. Deus havia lhe dado o direcionamento de trabalhar sete áreas de nossa vida. Declaramos cura, libertação, transformação e restauração. Foi incrível testemunhar como o Senhor usa com grande poder a vida da pastora Ezenete para curar áreas físicas. Quando ela estava ministrando cura, coloquei as mãos sobre meus ombros, pois ainda tinha muita

Então ela disse: "Somos mulheres saradas para sarar".

dor devido à bursite e tendinite. Pude sentir como se um óleo escorresse por meus ombros e declarei cura em nome de Jesus.

Imediatamente, a dor sumiu e, tempos depois, quando fiz uma ressonância, foi comprovado que as lesões tinham diminuído consideravelmente. Acredito que Deus só não me curou por completo porque essas questões são pedagógicas para mim. Elas me fazem lembrar de que não sou a "mulher maravilha" e que preciso me cuidar, afinal, por quase toda a vida fui aquela que carrega o galão de água, o saco de entulho, tijolo e muito peso. Há curas que Deus opera de maneira mais integrativa; nesse caso, a cura foi da dor física e da alma ferida, de quem não se amava nem cuidava do próprio corpo. Se há alguma limitação física, que tal tentar entender o propósito de ela estar aí?

A CEREJA DO BOLO: O DOM DE CURA

Caminhávamos para o encerramento do evento, com a ceia do Senhor, e eu sentia que ainda teria algo como "a cereja do bolo". Na hora do louvor, recebi vários direcionamentos para minha vida profissional. Senti Deus falar ao meu coração que ele não estava de acordo com aquele trabalho que eu pensava em fazer, mas que eu deveria ficar em casa, cuidar da minha família e continuar me aprofundando em conhecê-lo. As direções foram claras: "Prepare-se espiritualmente para o que eu tenho para você, vá 'comer' a minha Palavra, respirá-la, é um tempo de adquirir novos conhecimentos e sabedoria para que eu possa usá-la como quero. Você ficará na minha total dependência agora, não é do seu esposo que você vai depender, mas de mim".

Deus sabia que essa palavra seria muito forte para mim, já que sempre fui autossuficiente e guerreira para o trabalho. Os direcionamentos continuavam: "Aquieta-te, aquieta-te, busca-me, conheça-me cada vez mais, e só depois as demais coisas serão acrescentadas a você". Eu adorava ao Senhor intensamente prostrada no chão, quando senti novamente que estava entrando em outra dimensão, e veio a entrega final: "Agora vai a cereja do bolo, abra as mãos em posição de receber", eu fiz conforme sua palavra, e o Senhor disse: "Estou lhe entregando o dom da cura. Pelo poder que há em meu nome, através da sua vida, muitas almas serão curadas de dores e feridas emocionais, elas serão libertas de prisões espirituais".

Eu mal podia acreditar no maravilhoso presente e na grande responsabilidade que estava recebendo de Deus. Por fim, houve o encerramento do congresso com lindos e poderosos testemunhos para honra e glória do Senhor. Ele se fez presente naquele lugar, muita gente foi curada, restaurada, reconciliada, abençoada, liberta e transformada. Foram dias que ficarão para sempre em minha memória e em meu coração.

DEPOIS DE TUDO

Voltamos para casa extasiadas com tudo o que tínhamos vivido naquele lugar. Quando cheguei, percebi que as coisas estavam mais calmas e organizadas. Já era possível ver Deus agindo em meu lar. Só que logo começou o que eu descrevo como um grande e doloroso processo em minha vida, que se seguiu por quase oito anos. Este livro trata apenas do início de uma jornada que considero o meu novo nascimento. Entendi que, apesar de naquela época ter mais de 27 anos de vida cristã, ser batizada nas águas, possuir o dom de falar em línguas e servir em alguns ministérios, eu precisava nascer de novo, nascer da água (Palavra de Deus) e do Espírito, como Jesus instruiu a Nicodemos na passagem relatada em João 3.1-21.

> ***"Estou lhe entregando o dom da cura. Pelo poder que há em meu nome, através da sua vida, muitas almas serão curadas de dores e feridas emocionais, elas serão libertas de prisões espirituais".***

Eu estava aberta e preparada para esse novo tempo, que incluiu muita consagração, santificação, obediência, renúncias e busca por conhecer verdadeira e intimamente a Deus Pai, Cristo Jesus e o Espírito Santo, como nunca antes.

Na segunda-feira pós-congresso, achei que dormiria até um pouco mais tarde, afinal, eu estava cansada da viagem e da "maratona" que é um congresso de mulheres que dura dias. Porém, para minha surpresa, fui despertada pelo Espírito Santo e me senti impelida a escrever despretensiosamente o que vivi naqueles dias. Escrevia como em um diário, no meu caderno de anotações pessoais. O que eu achava que seria apenas um resumo do que vivi naquele congresso, aos poucos tomava a forma de um capítulo.

O Espírito Santo inspirou-me a escrever, e quando dei por mim, linhas e linhas foram preenchidas, folhas e folhas se formavam, e então senti o Espírito Santo ministrar ao meu espírito: "Estou dando esse livro a você, para que, através do seu testemunho, outras pessoas sejam curadas e livres das dores do passado, assim como você tem sido hoje, por meu amor e poder".

Imediatamente, o Senhor me trouxe à lembrança uma frase que eu sempre dizia quando era pequena: "Nossa! Tenho tanta história para contar que daria um livro!". Eu sempre dizia isso de brincadeira, por conta da quantidade de experiências que já tinha vivido com tão pouca idade. Pensava que minha vida poderia virar um livro ou um bom enredo de novela. E a verdade é que, no fundo, esse desejo já estava ali em meu coração, plantado pelo Espírito Santo.

Ainda naquela manhã, o Senhor me fez lembrar de um sonho que tive mais ou menos um ano antes daquele momento de escrita. No sonho, eu estava lançando um livro e fazia muito sucesso, vendia muitas cópias. Não tenho dúvidas de que este livro nasceu primeiro no coração de Deus e carrega muitos propósitos, pois sei que eu jamais teria capacidade ou conhecimento para estruturar este livro do início ao fim, muito menos recursos suficientes para dar vida a ele.

Assim que finalizei a escrita, fiquei na dependência de Deus para fazer com que ele de fato nascesse, pois foi essa a orientação que recebi do Senhor. Para minha surpresa, poucos meses depois, ele usou a vida do casal de líderes da célula que frequentávamos, e eles, obedecendo à instrução do Espírito

Santo que lhes foi dada, contribuíram financeiramente com a primeira parte da publicação deste livro, sendo instrumentos do Senhor para o cumprimento de suas promessas a mim.

Quem sabe você, como eu, também seja uma pessoa improvável que Deus escolheu para escrever sua história e inspirar os demais a estarem mais perto dele e dos seus propósitos? Tudo é possível quando nós abrimos o coração a ele e nos permitimos passar pelos processos em que Cristo nos colocar. Deixo um convite para você: quer se alistar nesse exército de mulheres **saradas para sarar** outras vidas em nome de Jesus? Se sim, o próximo capítulo é para você.

CAPÍTULO 8

Tornando-se uma agente de cura

“A LIBERTAÇÃO DE QUALQUER TIPO DE CATIVEIRO É UM PROCESSO, E DEUS NOS LEVA A ATRAVESSÁ-LO UM PASSO DE CADA VEZ.”

(JOYCE MEYER)

Agora que você já conheceu a minha história e entendeu que também pode trilhar um caminho de cura e transformação com a ajuda de Cristo Jesus, faço um convite para você se posicionar e se tornar uma agente de cura, mesmo que seja iniciante nessa jornada. Muitas mulheres me perguntam: "Como posso ser uma agente de cura, se eu ainda preciso ser sarada?". Bem, a verdade é que todas estamos em processos de nos curarmos ou de nos resolvermos com o passado que um dia nos paralisou. A diferença está nos estágios em que cada uma de nós se encontra.

Sempre digo que só podemos dar aquilo que já recebemos, então o primeiro passo é verificar em que fase você está no momento. Quando eu concluí a escrita da primeira edição deste livro, em 2013, eu me encontrava no estágio inicial da minha jornada de cura, portanto podia compartilhar sobre esse assunto apenas a partir de um nível básico. Com os anos, pude avançar alguns degraus, crescendo em entendimento e conhecimento. Alcancei novas portas e curas ainda mais profundas, por isso hoje posso, com a graça de Deus, levar pessoas a lugares mais avançados em seus processos. O ponto é que, mesmo quando temos "pouco", já podemos ajudar alguém.

A CURA EMOCIONAL

Como desejo encorajar você a se posicionar como uma agente de cura, acho importante esclarecer alguns conceitos sobre a cura emocional. Assim, você mesma poderá viver os seus próprios processos de forma mais correta e conduzir outras pessoas no mesmo sentido.

De maneira bem objetiva, cura emocional é a **cura da dor de um trauma vivido**. E o que seria um trauma emocional? É quando qualquer situação que você viveu teve um forte impacto em suas emoções, e seu inconsciente interpretou aquilo como algo ruim, que causou dor e sofrimento, que machucou sua alma, que fez você se sentir mal, triste, com raiva, injustiçada, ofendida, e assim por diante.

A verdade é que todas estamos em processos de nos curarmos ou de nos resolvermos com o passado que um dia nos paralisou.

Além dos traumas que surgem por conta de suas experiências pessoais, você também pode sentir o impacto emocional de experiências vividas por seus pais ou por pessoas do seu convívio quando você está presente. Para o cérebro, funciona desta forma: não importa se você viveu de fato a situação ou não, se ele registrou o impacto do sentimento como real, então registra o trauma.

Outro ponto importante é que a cura emocional **apaga a dor** vivida ou sentida diante de uma situação, mas não apaga o fato de que aquilo ocorreu. Sendo assim, você não irá necessariamente se esquecer dos acontecimentos, mas será livre dos sofrimentos que eles lhe causaram.

Cura emocional é a cura da dor de um trauma vivido.

Além do mais, junto ao processo de cura, deve vir o processo de amadurecimento, que inclui aprender a lidar com as consequências do impacto que os traumas causaram em nós. Elas podem ser as mais variadas: padrões comportamentais estabelecidos como defesa, comportamentos tóxicos, maus sentimentos, possíveis interpretações distorcidas diante de situações parecidas com as do passado, bloqueios e crenças limitantes ao lidar com desafios, e muitas outras, a depender de cada caso.

A verdade é que a nossa vida inteira é uma jornada de cura, amadurecimento e evolução. Temos de nos curar das memórias guardadas, nos libertar dos significados que demos ao que vivemos e do impacto emocional registrado nas cenas traumáticas. Precisamos de cura das faltas, rejeições e abandonos sofridos, das ofensas e injustiças que cometeram conosco, mas também de nós mesmas. Há uma série de defesas que são acionadas diante de um trauma, muitas vezes na infância, e precisam ser desarmadas na fase adulta. Esse é o convite que Jesus nos faz através do arrependimento.

A palavra "arrependimento" é de origem grega (μετάνοια, metanoia) e significa "conversão" (tanto espiritual como intelectual). Trata-se de uma mudança de direção, de mentalidade, atitudes e caráter; geralmente, conota uma evolução. A passagem de Romanos 12.2 expressa muito bem essa ideia:

> ***Não imitem o comportamento e os costumes deste mundo**, mas deixem que Deus os transforme por meio de uma **mudança em seu modo de pensar**, a fim de que experimentem a boa, agradável e perfeita vontade de Deus para vocês. (NVT)*

Pode parecer um tanto injusto considerar que precisamos nos arrepender de algo quando fomos vítimas em alguma situação, mas a verdade é que permanecer no lugar de vítima é uma escolha que certamente não nos levará a viver o melhor de Deus para nós. Ao longo dos anos, entendi que é necessário nos arrependermos dos comportamentos acionados como defesa diante de traumas vividos. Podemos ser vítimas enquanto crianças, sem compreensão ou meios de defesa, mas a partir do momento que Deus nos dá recursos, entendimento, ferramentas para sair desse lugar, permanecer da mesma forma é uma opção.

Sei perfeitamente que esse processo de superação não é tão simples assim, porque, de alguma forma, permanecer como vítima é algo que nos valida e traz certo conforto. Contudo, para seguir adiante e viver as coisas grandiosas que o Senhor tem para nós, temos de enfrentar o desconforto e tudo que for necessário para obtermos uma cura completa e sermos transformadas. Temos de perdoar, mexer em certas feridas e aprendermos a depender cada vez mais do Senhor, que nos capacita a amar até os nossos inimigos (cf. Lucas 6.27-36). Saiba que uma verdadeira transformação exige que colaboremos intencionalmente com Deus nessa jornada. Há coisas que somente ele pode fazer, mas uma boa parte das ações deve partir de nós, guiadas e ajudadas pelo Espírito Santo, que não nos desamparará.

Muito do que vivemos em nossas relações atuais são projeções do que ocorreu no passado; acabamos fazendo isso inconscientemente. Um exemplo está no meu próprio relato, quando eu dizia me incomodar quando meu esposo se aproximava de mim, com elogios e carinhos. Meu inconsciente transferia as relações vividas com os abusadores para a figura de homem que meu esposo representava. Só pude me curar e me libertar desse incômodo totalmente quando resolvi a história do passado, saindo do lugar de vítima injustiçada, perdoando os que me feriram, colocando minhas dores aos pés da cruz de Cristo e, conscientemente, entendendo que meu marido não era aqueles homens que me feriram. O toque do meu marido era de amor, e não de dor.

Para seguir adiante e viver as coisas grandiosas que o Senhor tem para nós, temos de enfrentar o desconforto e tudo que for necessário para obtermos uma cura completa e sermos transformadas.

Quando eu fiz esse movimento de abandonar a vitimização, perdoar, colocar traumas e dores na Cruz e romper com a transferência das relações, eu exerci a *metanoia*, isto é, arrependimento e mudança de mente. Com isso, entendi de fato a importância e até a necessidade de nos arrependermos de determinados sentimentos, atitudes, manias, crenças, comportamentos tóxicos e padrões familiares pecaminosos. O apego a essas coisas nos afasta de viver a boa, perfeita e agradável vontade de Deus. Em outras palavras, isso nos impede de desfrutar a vida abundante que Jesus Cristo conquistou na cruz, com tamanho sacrifício, por mim e por você.

"PARA SERMOS DIFERENTES DO QUE SOMOS, PRECISAMOS TER CONSCIÊNCIA DO QUE SOMOS."

(ERIC HOFFER)

OS DIVERSOS CAMINHOS QUE A CURA EMOCIONAL PERCORRE

Agora que você já entendeu que o foco da cura emocional é apagar a dor causada pelo trauma, e não deletar a sua história de vida, é importante saber que **não** existe uma fórmula exata ou um único caminho para alcançar essa cura. Cada um terá de percorrer um caminho único, que se assemelha ao de outros em alguns pontos, mas terá predominantemente aspectos peculiares ao seu caso. A cura emocional se dá por camadas, em um longo e doloroso processo que pode durar mais ou menos tempo de acordo com a dedicação de cada pessoa e conforme a intensidade do que lhe ocorreu.

Há quem encontre cura apenas falando e abrindo o coração. Para outros, basta que se sintam amados e acolhidos.

Há quem encontre cura apenas falando e abrindo o coração. Para outros, basta que se sintam amados e acolhidos. Como afirma Freud, "a psicanálise é, em essência, uma cura pelo amor"[1]. Nesse contexto, o amor é manifestado por meio do acolhimento, da escuta eficaz, do espaço para o outro ser ele mesmo, para colocar a dor, a raiva e maus sentimentos para fora, para ser compreendido, e assim por diante. Foi isso o que encontrei na vida daquela irmã que me atendeu na igreja, e sempre reforço que ela foi instrumento de Deus para abrir a primeira porta de cura na longa jornada que ainda teria pela frente.

Há também curas que se iniciam ou ganham uma nova dimensão após a libertação espiritual. No meu caso, tenho plena convicção de que passar pela esfera espiritual foi o que destravou a minha cura na esfera emocional. Sei, por experiência própria, que quando a mente de alguém está presa em aspectos espirituais, essa pessoa vive atormentada e, enquanto

---

1. McGuire, William. Freud/Jung: correspondência completa. Rio de Janeiro: Imago, 1976. 53p.

não houver a libertação, ela não será capaz nem mesmo de entender os direcionamentos ou as perguntas reflexivas que são abordados no tratamento terapêutico.

Aliás, um dos motivos de algumas pessoas passarem anos com psicólogos e não evoluírem é porque a área espiritual que aquele trauma atingiu tem de ser tratada. Contudo, os profissionais da saúde mental não podem entrar nesse campo em seus atendimentos em consultórios.

Toda vez que há uma quebra de princípios divinos, o caso atinge a esfera espiritual, de modo que tanto o agressor quanto a vítima sofrem influência nesse aspecto. Abuso sexual, psicológico e físico, violência, desamparo, rejeição, abandono, negligência, miséria, aborto ou outros tipos de assassinato, traição conjugal, pactos e vingança são exemplos de situações que atingem o mundo espiritual. Outro exemplo nesse sentido, que talvez não seja óbvio para todos, é a falta de perdão.

Cristo conta a parábola do credor incompassivo, tratando de um homem que é perdoado de uma grande dívida que tinha com seu senhor, mas que, ao encontrar alguém que lhe devia uma quantia muito menor, manda prendê-lo para ser torturado. O Senhor Jesus explica que "assim também fará o meu Pai celestial a vocês se cada um não perdoar de coração o seu irmão" (Mateus 18.35). Isto é, aquele que não perdoa será enviado ao tormento, e podemos ver isso acontecer claramente na realidade, uma vez que pessoas que guardam mágoas acabam revivendo seus sofrimentos e alimentando ódio, ressentimento e amargura. Elas vivem em tormento.

Ainda falando sobre possíveis caminhos de cura, uma opção seria refletir e fazer uma boa autoavaliação. Algumas perguntas e exercícios desse tipo geram consciência e *insights* que nos colocam em um movimento transformador. Há pessoas que se curam voltando à memória de dor do passado com a ajuda de Jesus, no intuito de acolher e ressignificar seus sofrimentos, substituindo as memórias dolorosas pelo amor e cuidado do nosso Pai. Eu também passei por esse caminho e sei como é poderoso.

É importante também considerar que alguns traumas geram sentimentos tão intensos que ficam reprimidos em certos campos do nosso cérebro; para desbloquear essas áreas, é necessário acionar os nossos sentidos. Em termos mais práticos, para libertar a dor, a pessoa pode chorar alto, gritar ou socar uma almofada com força, por exemplo, expressando corporalmente tudo o que teve vontade de falar ou fazer no evento traumático e não pôde.

Trata-se do que chamamos de "catarse emocional"[2]. Escrever uma carta, abrindo o coração e expondo tudo o que gostaria de dizer, também é uma opção. O importante é

2. Na psicologia, a expressão catarse é utilizada como uma forma de liberar tudo aquilo que aflige, que se pensa sobre alguma situação ou pessoa. É compreendida como um desabafo ou descarga emocional, em que a pessoa experimenta um estado de alívio por ter colocado tudo para fora. A catarse seria um método psicoterapêutico, com o intuito de afastar os afetos doentios registrados em uma situação traumática. Alcançando o sentimento é possível expeli-lo e libertar a pessoa da dor. Na psicanálise, a catarse tem o objetivo de descarregar as perturbações psíquicas da pessoa: o nervosismo, as tensões, a angústia, a ansiedade, a partir de uma provocação de uma explosão emocional com a finalidade de trazer à consciência os sentimentos ou as experiências que estavam reprimidas no inconsciente.

liberar a energia que foi reprimida no evento traumático, e é sempre mais seguro fazer isso em oração, no lugar secreto, sendo direcionada pelo Espírito Santo. Ele sabe qual memória liberar e de qual dor você precisa ser liberta.

Por mais estranho que pareça, se você se identifica com algo que estou dizendo e, lá no fundo, sente a necessidade de libertação, procure ajuda e tratamento o quanto antes, sempre em oração e confiando muito em Deus. O trauma não resolvido deixa a pessoa fixada na dor, com comportamentos infantis. Revisitar essa dor com o propósito de libertá-la é o que Freud chama de "recordar, repetir e elaborar". Enquanto não resolvemos uma situação do passado, ela continuará se apresentando repetidamente a nós, de diversas maneiras, mas ligada à mesma raiz. Portanto, por mais doloroso que seja revisitar certos eventos do passado, vale a pena se você estiver com o Espírito Santo a lhe guiar, pois seu amor afastará o medo e trará grande libertação.

Há quem se cure ao confessar seus pecados, como a Bíblia ensina em Tiago 5.16. Em meus atendimentos, já vi algumas pessoas que acreditavam estar com depressão, mas assim que confessaram seus pecados, foram livres instantaneamente da tristeza profunda que sentiam. Outros são curados ao liberar perdão e ressignificar sua história de vida. Ressignificar é olhar por outro ângulo e dar um novo significado à situação. Há quem encontre cura reativando relações que foram quebradas, pedindo perdão e quebrando o orgulho.

Muitos se curam com cartas e escritas terapêuticas. É um método bem eficaz, mas sempre oriento quem opta por esse caminho a não entregar a carta para a pessoa alvo do desafeto. Depois de colocar a dor para fora em palavras, uma boa ideia é rasgar ou queimar a carta.

Em todo caso, sempre haverá cura ou um aprofundamento nesse processo para aqueles que buscam intensamente a Deus, que se dedicam a conhecê-lo, a descobrir seu imenso amor e mergulhar em intimidade com ele. Existem níveis de cura para quem se empenha em ler a Palavra e a declara sobre sua vida, para quem assiste ministrações, ouve testemunhos e louva ao Senhor de coração.

Por mais doloroso que seja revisitar certos eventos do passado, vale a pena se você estiver com o Espírito Santo a lhe guiar, pois seu amor afastará o medo e trará grande libertação.

Há cura para aqueles que se humilham diante do Altíssimo, que se quebrantam, renunciam seus desejos, quebram o orgulho, se arrependem e obedecem a Deus. Existe um caminho de cura para quem busca conhecimento, sabedoria e entendimento nas Escrituras e em cursos relacionados à vida emocional, familiar e pessoal. Há curas que acontecem com a ativação de um sonho, projeto e propósito, quando alguém se dedica a algo que transcende sua existência.

Muitos encontram cura tornando-se voluntários em ministérios ou obras sociais. Outros ainda se curam ensinando às pessoas o caminho que aprendeu. Alguns são curados mudando o estilo de vida, desenvolvendo uma vida mais saudável em todos os aspectos: espiritual, emocional e físico. Cuidar da alimentação, praticar atividades físicas, ter *hobbies*, cultivar amor-próprio, ou ter tempo de descanso, de reflexão, de autoconhecimento e autocuidado são ações práticas que fazem toda a diferença no processo de sermos saradas.

Em resumo, existem as mais diversas maneiras de encontrar cura. O que mais importa não é o método, mas se confiamos em Deus e buscamos nele a nossa restauração. Partindo desse ponto, precisaremos então abrir o coração para que ele utilize os caminhos, estratégias e ferramentas que preferir. No meu caso, o Senhor usou praticamente todos esses exemplos que dei, em etapas diferentes do meu processo. Porém, cada caso é um caso. Se você estiver atenta à voz do Espírito Santo e der um passo de cada vez, ele lhe apresentará o caminho necessário para sua restauração pessoal.

DESENVOLVA AUTOCONHECIMENTO COM A AJUDA DO ALTO

Há quem pense que ser curado significa nunca mais sofrer ou ter problemas. Isso não existe! Jesus disse que, enquanto estivermos neste mundo, teremos aflições (cf. João 16.33), então sabemos que problemas continuarão se apresentando a nós. A diferença é que quanto mais sarada uma pessoa for, mais sabedoria, resiliência, força e maturidade ela terá para lidar com tudo o que surgir em seu caminho. E todas essas virtudes que desenvolvemos no processo de restauração, como já vimos, encontramos no Senhor.

É Cristo quem nos restaura, quem nos leva a uma novidade de vida. A partir do momento em que nós nos entregamos ao seu agir, ele nos leva à cura emocional que envolve organizar o nosso interior, desbloquear o passado para tratar as feridas, equilibrar o presente e ativar o futuro. As quebras e fraturas emocionais nos desfragmentam, mas o processo de cura inclui juntar as peças quebradas e realocá-las no lugar certo, afinal, Deus nos fez como seres completos, inteiros. À medida que cada coisa volta ao seu lugar, conforme os desígnios do Senhor, podemos entender o que é verdade a nosso respeito, quem realmente somos aos olhos do nosso Criador.

Se você estiver atenta à voz do Espírito Santo e der um passo de cada vez, ele lhe apresentará o caminho necessário para sua restauração pessoal.

Existe uma frase muito famosa e interessante que é atribuída a Sócrates: "**Conhece-te a ti mesmo**". Não é em vão essas palavras chamarem atenção de quem as ouve, pois todas nós temos um anseio em nossa alma de conhecer nossa identidade real. Na Bíblia, também há um convite para nos examinarmos (cf. 1Coríntios 11.28) e em Jeremias 17.10 está escrito:

> *Eu, o Senhor, examino o coração e provo os pensamentos. Dou a cada pessoa a devida recompensa, de acordo com suas ações. (NVT)*

Uma das principais ferramentas de transformação e de cura é o autoconhecimento. Descobrir as raízes e origens dos maus comportamentos e sentimentos é fundamental para tratar as nossas dores e romper padrões negativos. Mergulhar em nossa própria história, por mais doloroso que seja, é necessário para evoluirmos no processo.

Decida iniciar essa jornada de conhecer a você mesma. Saiba a fundo o que você sente, pensa e interpreta, como reage e quais significados dá a cada situação vivida. Para isso, desacelere um pouco e pegue um caderno de anotações ou use o bloco de notas do celular para escrever. Atualmente, há aplicativos que você pode baixar em seu celular com exercícios diários para descrever como você se sente diante das situações que vive, isso pode ajudá-la muito a se conhecer. Use os recursos que quiser, mas nunca deixe de colocar toda a sua confiança e expectativa em Deus.

Cristo é a Verdade, e ele pode revelar a verdade sobre você mesma, até aquilo que é difícil de aceitar. O Senhor examina nosso coração e prova nossos pensamentos. Gosto até de fazer um trocadilho com a palavra "autoconhecimento" e "altoconhecimento". Embora a escrita dessa última palavra seja gramaticalmente incorreta, ajuda-nos a lembrar que o "autoconhecimento" que tanto buscamos não vem sem a ajuda do "Alto". Acessar as respostas que você já possui só é possível com a ajuda do Espírito Santo, nosso consolador e conselheiro perfeito. Ele é o melhor professor que já tive em toda minha vida, e não posso, nem quero, sair dessa escola jamais.

Mergulhar em nossa própria história, por mais doloroso que seja, é necessário para evoluirmos no processo.

As respostas que você busca, em sua maioria, es
de você. Elas podem ser encontradas ao observar ate
te sua história de vida, contando com a direção do Espírito Santo. Ele tem chaves e acessos a mistérios profundos que sua alma carrega há anos. Então, que tal começar a se examinar com a ajuda do seu mestre? Aqui vão alguns pontos importantes que podem ajudá-la a orar e discernir certos aspectos da sua vida:

- Será que você ainda se sente e se comporta como vítima do que lhe aconteceu?
- Será que você precisa perdoar pessoas que foram injustas com você e deixaram marcas profundas na sua alma?
- Será que você precisa renunciar o direito de ficar ofendida? Esse é o verdadeiro significado do perdão: deixar ir, abrir mão da dívida que uma pessoa tem com você.
- Quais dificuldades e bloqueios você enfrenta hoje e como eles surgiram?

Seguindo essa mesma linha de autoinvestigação, quero lhe propor dois exercícios:

1. Faça a linha do tempo da sua história de vida: desenhe uma linha reta e vá adicionando os pontos marcantes; você pode colocar os aspectos positivos de um lado e os negativos do outro. Comece pela história que você conhece dos seus pais, depois escreva o que você sabe

sobre a gestação da sua mãe carregando você, então sobre seu nascimento, festas de aniversário, entrada na escolinha, primeiras amizades, formaturas, idas à igreja, apresentações, traumas, possíveis doenças e acidentes, animais de estimação, o primeiro emprego, primeiro namorado, primeira grande decepção, lugares preferidos, comidas preferidas, escreva tudo o que vier à sua memória. Não importa o tempo que levar para fazer esse exercício, o ideal é fazê-lo com calma, disposição e muita atenção ao Espírito Santo.

2. Em seguida, faça cartas de agradecimento a Deus pelas lembranças positivas da sua vida, expressando ao máximo os bons sentimentos que teve quando viveu aqueles momentos. Leia essas cartas sempre que sentir que a vida é muito triste, difícil ou "sem graça". Em relação às lembranças negativas, trabalhe todas elas com perdão, devolvendo as memórias tristes para Deus e buscando novos olhares e significados para tudo o que tiver vivido de ruim.

Como bônus final, vou deixar um manual de gerenciamento emocional para você. Essas ações são o que eu carinhosamente apelidei de "Kit Cura". Elas estiveram presentes em toda minha jornada de cura emocional e continuam em minha rotina até hoje, pois já se tornaram hábitos positivos que me mantêm avançando em Cristo Jesus.

KIT CURA

- Ler a Bíblia e fazer anotações das passagens que mais falarem ao seu coração.
- Fazer *post-its* com os versículos que precise inserir como verdades em sua mente e deixar à vista em sua casa ou local de trabalho, para meditar neles.
- Ler devocionais matinais que ajudem você a entender melhor a Bíblia e a orar.
- Orar de forma sincera, falando com o Senhor sobre seus sentimentos, desejos, pecados, dores, feridas e pensamentos.
- Desenvolver intimidade com Deus Pai, buscando entender que é filha do Altíssimo.
- Ouvir canções que falem do amor de Deus por você e expressem seu amor, adoração e gratidão a ele.
- Fazer jejuns e propósitos para fortalecer seu espírito e retirar estímulos que a adoecem sua alma ou alimentam comportamentos tóxicos.
- Assistir a mensagens, palestras e ministrações, anotando o que mais falar ao seu coração ou trouxer aprendizado à área em que você busca mudança.
- Ler livros relacionados a assuntos que você sente que Deus está trabalhando em você ou sobre um assunto específico que sente necessidade de aprender. Faça anotações ou resumo sobre essas leituras para absorver melhor o aprendizado.

- Ter relacionamento com mulheres maduras que possam aconselhar e ajudar você.
- Com o tempo, aprofundar-se em estudos bíblicos.
- Fazer cursos, participar de congressos, seminários, palestras, mentorias e imersões que contribuam com seu crescimento espiritual, emocional e pessoal.
- Ajudar pessoas a vencerem em áreas que você já venceu.
- Desenvolver o autoconhecimento, que é a chave para o gerenciamento das emoções.
- Continuar cavando camadas mais profundas de cura emocional em momentos íntimos com Deus.

Essas são algumas ações que você pode praticar ao longo do tempo, talvez intercalando uma e outra. As únicas duas coisas que recomendo fazer literalmente todos os dias é ler a Bíblia e orar, pois isso é essencial para que você se aproxime de Deus cada vez mais. Vale lembrar que, para inserir qualquer hábito em sua vida, é necessário executar a ação todos os dias, de preferência no mesmo horário, e quanto mais você repete a ação, mais rapidamente seu cérebro fortalecerá o hábito.

MAIS UMA DICA

Para facilitar a fixação de novos aprendizados e organizar melhor os pensamentos ao longo da sua jornada de cura, sugiro que crie um caderno de reflexão e autoconhecimento. Separe suas anotações por áreas, como:

- diário pessoal;
- caderno de gratidão;
- caderno de oração;
- caderno de feridas (em que você descreve suas mágoas e dores);
- caderno de estudos bíblicos e devocionais;
- pontos principais de ministrações, aulas e palestras;
- resumo de livros;
- áreas em que deseja romper;
- áreas em que já obteve evolução e quais aprendizados adquiriu no processo;
- projetos, sonhos futuros e metas;
- profecias e promessas;
- lista das suas características e habilidades.

Saradas para sarar: agora é a sua vez

Chegou oficialmente a sua vez de se alistar nesse exército de mulheres **saradas para sarar**. Eu mesma me alistei em 2013, quando disse ao Senhor: "Eis-me aqui, envia-me a mim" (Isaías 6.8). Fiz isso porque, à medida que eu crescia no meu relacionamento íntimo com Deus como meu Pai celestial, ele me fazia ver quantas outras filhas se encontram no lugar de dor em que um dia estive. Logo entendi que ele estava me habilitando e me comissionando para uma grande missão.

Tudo começou de uma forma simples e natural. Quanto mais eu mergulhava em experiências de intimidade com Deus no meu lugar secreto, mais camadas de amor do Pai eu alcançava e mais forte o desejo de falar desse amor para outras pessoas se tornava. Antes de a primeira edição deste livro nascer, em 2013, onde quer que eu estivesse, procurava uma oportunidade para testemunhar do grande amor do Pai celestial. Quando eu tinha a loja de roupas, amava passar horas conversando com as mulheres que entravam lá.

Podia ser na porta da escola das minhas filhas, na padaria ou na sala de espera de um consultório médico, lá estava eu, orando em espírito e pedindo uma oportunidade a Jesus para falar do seu amor. Gentilmente, ele sempre me mostrava essas chances.

Aprendi que a única coisa que Deus espera de nós é um coração disposto a obedecer, porque todos os recursos dos quais precisamos ele mesmo provê, à medida que vai nos ensinando e treinando na jornada. Muitas mulheres se sentem incapazes de fazer algo para o Reino de Deus. Eu também já pensei que não tinha nada de bom a oferecer às pessoas, mas, para minha surpresa, Deus usou a área em que mais fui ferida para ser instrumento de cura na vida de outras mulheres. Isso me lembra de um trecho que li no livro *A dama, seu amado e seu Senhor,* de que eu gosto bastante:

> *"Deus toma os quebrantados e os feridos e os recupera para que possam ser clínicos da cura e instrumentos de vida. [...] Afirmo-lhe que o seu ministério está onde você se encontrou mais fraco. Esse mesmo lugar que o fez chorar e gemer é que pode levar dignidade e cura aos que foram atingidos pelo mesmo sofrimento. Este é o ponto em que a sua compaixão irá elevar-se em espiral, e você pode ajudar a próxima geração de vítimas a sair do leito e andar."*[1]

---

1. JAKES, T. D. A dama, seu amado e seu Senhor: as três dimensões do amor feminino. 1ª ed. São Paulo: Mundo Cristão, 1999.

UM EXÉRCITO DE MULHERES IMPROVÁVEIS

Ser uma mulher improvável é diferente de se sentir incapaz. Você pode se ver como uma mulher improvável por causa da sua história de vida, família de origem, falta de recursos ou por conta do lugar onde mora; mas nada disso é impedimento para que Deus use a sua vida para abençoar as pessoas ao seu redor. Assim como tantas mulheres improváveis têm sido levantadas pelo Senhor neste tempo, eu também fui escolhida por ele. Sempre digo que somente Cristo poderia ver algum potencial em mim, porque nem eu mesma não teria me escolhido (risos).

Estudei a vida toda em escolas públicas, não falo nenhum outro idioma além do português, nunca tinha viajado de avião até minha ida ao congresso de mulheres em Belo Horizonte. Fora isso, até o momento não tenho proximidade com pessoas influentes que tragam grandes oportunidades para mim e, por muitos anos, os recursos financeiros foram bem escassos em minha casa. Mas foi exatamente desse jeito que Deus me chamou e me colocou em movimento, para mostrar que ele é o dono dos recursos, ele é quem abre as portas, e nosso coração deve sempre estar na dependência dele. Nos últimos anos, tenho provado da fidelidade do Senhor e posso atestar: se ele prometeu, é fiel para cumprir.

Hoje, mais de doze anos depois de publicar a primeira versão do livro *Saradas para sarar,* posso ver quantas promessas o Senhor já cumpriu e creio em muitas outras que ainda cumprirá. Se nossa confiança estiver em Deus, teremos capacidade, dons, habilidades, recursos e veremos os frutos de nosso trabalho, afinal, ele é quem nos capacita, nos impulsiona e nos leva além. Não somos nada e não podemos fazer nada sem ele, como está escrito:

> *Pois dele, por ele e para ele são todas as coisas. A ele seja a glória pelos séculos! Amém. (Romanos 11.36)*

É fundamental ter isso em mente, pois uma das maiores estratégias que o Inimigo usa é fazer você pensar de maneira inferiorizada a respeito de você mesma. Isso porque ele sabe que quando você descobre quem é e do que é capaz, não por suas próprias forças, e sim pela graça do Senhor, você se torna uma potência nesta Terra para expandir o Reino de Deus. Portanto, não caia na tentação de crer que fará algo por conta própria, mas aprenda a depender do Pai celestial até mesmo para realizar aquilo que ele direciona.

Quantas vezes você não pensou "quem sou eu na fila do pão?". Quantas vezes não se comparou com pessoas que parecem falar melhor que você, que têm amigos influentes ou mais estudos e diplomas? Talvez você esteja se comparando com pessoas que têm títulos e posições "importantes", que viajaram o mundo, que moram em lugares privilegiados ou com aqueles que têm seguidores e influência. Quem sabe não está olhando para quem está em posição de mais evidência que você e se sente pequena. Também já fui tentada a pensar dessa maneira, mas decidi assumir o lugar que

Deus tinha **para mim**, ainda que me custasse acreditar nessa perspectiva.

Muitas são as desculpas que damos para o Senhor, tentando fugir do nosso chamado e da nossa missão. Eu mesma tinha pânico de falar em público, vivia com a sensação de que não saberia o que falar, sentia-me constrangida e envergonhada diante de pessoas desconhecidas. Por mais que tivesse a habilidade de falar diante de amigos e familiares, passei um bom tempo sem ampliar esse dom para me comunicar com os demais. Quando olho para trás, posso ver o quanto Deus me permitiu evoluir e crescer, só que isso não aconteceu de forma instantânea, foi necessário enfrentar todos os meus piores medos e superar grandes desafios.

Agora posso dizer que, se eu consegui, você também conseguirá. Apenas esteja disposta a enfrentar tudo o que for necessário para romper com os limites e bloqueios que a impedem de ser e fazer o que Deus determinou para sua vida. Algo fundamental é se atentar à Bíblia, ela está repleta de personagens que, assim como você e eu, não se sentiam capacitados para fazer o que o Senhor lhes ordenava, mas decidiram obedecer, ainda que com medo. Eles encararam os desafios que se apresentavam diante deles e venceram com a ajuda do Senhor. Moisés e Jeremias, por exemplo,

Quando olho para trás, posso ver o quanto Deus me permitiu evoluir e crescer, só que isso não aconteceu de forma instantânea, foi necessário enfrentar todos os meus piores medos e superar grandes desafios.

não sabiam falar; Davi e Gideão eram os menores de suas casas, mas Deus usou todos eles poderosamente. Como não se inspirar com essas histórias verídicas?

Há pessoas que se sentem culpadas e acusadas pelo passado pecaminoso e acreditam não serem dignas de se tornarem instrumentos de Deus. Se esse é o seu caso, lembre-se de que o sacrifício de Jesus na cruz foi realizado exatamente com o propósito de nos limpar, perdoar e restaurar, de nos dar uma nova identidade e uma nova vida. Ele fez isso por Raabe, que era prostituta (cf. Josué 2); pela mulher samaritana, que já estava em seu sexto relacionamento (cf. João 4); fez também pela mulher adúltera (cf. João 8) e usou a vida delas para construir uma linda história e ainda nos ensinar. Sabemos que ele continua restaurando e usando quem quer que se disponha a cumprir seus propósitos nesta Terra.

Outra desculpa bem comum é pensarmos: "Mas já tem tanta gente fazendo a mesma coisa: pregando, escrevendo, cantando, aconselhando, mentoreando, criando conteúdos, fazendo lives, gravando vídeos, então por que vou me esforçar tanto e vencer meus maiores medos se no fim vou ser só mais uma?". Esse é um dos grandes enganos que o Inimigo lança em nossa mente, pois a verdade é que você jamais será só mais uma, porque é única.

Cada pessoa tem seu jeito especial de ser, de falar, de enxergar o mundo, de interpretar as situações, e há um público específico aguardando o que Deus depositou em sua vida. Você carrega respostas de orações que algumas pessoas estão fazendo neste exato momento. Você trilhou uma jornada em alguma área específica que serve de lanterna e farol para alguém que está perdido até então. Portanto, **ofereça um guarda-chuva para alguém que está em uma tempestade emocional**.

LIBERTANDO OS CATIVOS

Como você pôde ver por meio da minha história, eu já cheguei ao fundo do poço, mas houve alguém que jogou uma corda para que eu saísse de lá. Com muito esforço, escalei aquelas paredes escorregadias, vez ou outra voltando ao mesmo lugar, mas sempre com a ajuda do Espírito Santo, meu Mestre. Eu não desisti, até que pude ver a luz do dia e, finalmente, sair daquele lugar. Hoje sou eu quem jogo cordas para muitas pessoas que estão no fundo daquele mesmo poço em que eu estive um dia.

QUE TAL VOCÊ JOGAR UMA CORDA PARA AS PESSOAS QUE ESTÃO NO POÇO DO QUAL VOCÊ JÁ SAIU?

Peça para Deus usar você, com toda a sua história, para ajudar os outros. Esse é o tipo de oração cuja resposta é quase imediata, porque é uma oração carregada de propósitos, que proporcionarão curas de gerações. Afinal, quando você toca o coração de uma mulher com o amor de Cristo, há um impacto sobre toda a sua geração e descendência.

Lembre-se:

QUANTO MAIS PERTO ESTAMOS DE DEUS, MAIS ELE NOS EMPURRA AO PRÓXIMO!

Está aí uma verdade! Quando eu estava distante do Senhor, procurava me isolar o tempo todo, sempre me lamentava e quando "ajudava" alguém, não fazia isso de coração, era apenas para me sentir aceita e amada. A partir do momento que comecei a buscar a Deus intensamente, vez após vez eu saía do meu lugar secreto com muita vontade de compartilhar o que eu havia recebido. Eu sabia que tinha algo precioso em minhas mãos, poque o Senhor havia me entregado, então passava um bom tempo enviando mensagens, compartilhando textos, canções ou livros que estava lendo. Queria que todos pudessem ser impactados como eu tinha sido.

Levando isso em consideração, convido você a pensar: se não tem feito nada para ajudar alguém, será que esse não é um sinal de que você está distante de Deus? Se for esse o caso, o primeiro passo é buscá-lo, abastecer-se nele, encher-se da sua bondade e amor. Ele é a nossa fonte! Portanto, mantenha-se **sempre** ligada à fonte, à raiz que a nutre para que possa desempenhar o papel que ele lhe confiou.

Tenha em mente o que a Palavra diz em João 15.5:

> *— Eu sou a videira, e vocês, os ramos. Se alguém permanecer em mim, e eu permanecer nele, esse dará muito fruto, pois sem mim vocês não podem fazer nada.*

Você precisa estar firme em seu relacionamento com Deus para receber dele renovo, força, capacitação, habilidade, unção, sabedoria, discernimento, direcionamento, ousadia, autoridade, coragem e tudo de que precisar. Ele enche a sua vida e flui através dela, então você deve se voltar a ele, abastecer-se novamente e derramar nas pessoas aquilo que recebeu em seu tempo com Deus. Esse é o segredo do sucesso de qualquer ministério: estar ligado à fonte, que é Cristo, eternamente.

> *Quem crer em mim, como diz a Escritura, do seu interior fluirão rios de água viva. (João 7.38)*

Quero encorajar você a se importar com o outro de uma maneira saudável. Ou seja, é sempre bom estar atenta para não permitir que as pessoas manipulem você; deixo o aviso, pois sei que isso acontece com certa frequência. Mas, uma vez que você se posiciona com amor e sabe que precisa ajudar essa pessoa, pergunte-se: **o que posso fazer por ela?** Talvez possa ouvi-la falar sobre suas dores ou então aconselhar, orar, prestar um serviço, doar uma quantia de dinheiro ou parte do seu tempo em favor da necessidade do próximo. O importante é: esteja disposta!

POR ONDE COMEÇAR?

Depois que o Senhor falou comigo sobre meu chamado e propósito, dizendo que eu levaria sua Palavra e o meu testemunho por toda a Terra, saí do pêndulo de "nada sou, nada posso" para "uau, quando vou ser convidada para ministrar nas igrejas?". Um dia, porém, lendo um livro do Max Lucado, *Moldado por Deus*, deparei-me com um testemunho dele que fez bastante sentido com o que o Espírito Santo estava me ensinando naquele ano (2014).

No livro, ele contou que perguntava para Deus quando começaria seu ministério. Então, certo dia, o Senhor lhe disse que havia chegado a hora. Max, eufórico, achou que seria convidado para pregar em algum grande congresso ou dar entrevista em algum programa de rádio ou televisão. Contudo, para sua surpresa, o Senhor lhe disse: "Está vendo aquele homem sentado perto de você? Ele precisa de uma carona para casa, porque está chovendo e ele não tem guarda-chuva. Vamos lá, Max, aqui começa seu ministério".

Uau! Enquanto eu andava preocupada com quando seria convidada por alguma igreja para dar meu testemunho, Deus me mostrou que eu já estava cumprindo meu chamado e propósito quando simplesmente falava com as mulheres na loja, na padaria e na porta da escola. Quer fosse através das muitas caronas que eu dava, das palavras que sentia de compartilhar com alguém, das ligações e até mesmo por meio das fervorosas intercessões que eu fazia diariamente para uma lista de pessoas conhecidas.

Há quem confunda "ministério" com estar em evidência, pregar ou cantar, mas, na verdade, ministério não se resume a palco, microfone ou a um número expressivo de seguidores nas redes sociais. O significado da palavra "ministério", no grego, é: serviço, trabalho. Aprendi que não executamos nosso serviço no Reino de Deus apenas dentro de uma igreja local, mas, como Igreja de Cristo, servimos às pessoas com nossos dons onde houver a necessidade. Existe uma frase conhecida que eu gosto bastante: "ministério é serviço, e não 'ser visto'".

Então, quebre a crença de que você precisa estar em evidência ou em posição de liderança e destaque para fazer a diferença na vida das pessoas. Hoje, pode ser que alguns saibam quem eu sou, por conta do crescimento que Deus trouxe à visibilidade do meu chamado ao longo dos anos. Porém, quando comecei a aconselhar dentro da minha casa, e fiz isso por mais de seis anos consecutivos, ninguém tinha ouvido falar do meu nome. Mesmo assim, eu sei que estava fazendo a diferença na vida de muitas mulheres e, consequentemente, em suas famílias.

> ***Quebre a crença de que você precisa estar em evidência ou em posição de liderança e destaque para fazer a diferença na vida das pessoas.***

Muitas pessoas me dizem: "Ah, Roberta, mas eu não tenho uma história como a sua! Eu não passei um terço do que você passou! O que eu poderia ensinar?". E eu sempre respondo: "Muita coisa! Você já sofreu uma dor emocional?

Com certeza sim! Já foi traída por uma amiga, pelo marido ou por alguma outra pessoa próxima? Em algum momento, você já se sentiu excluída e rejeitada? Já teve crises em seu casamento ou dúvidas de como agir com seu filho? Você já passou por dificuldades financeiras? Já viveu um milagre de cura física? Alguém da sua família enfrentou um desafio muito grande? A verdade é que todas nós temos inúmeras histórias que revelam intervenções de Deus em nossa vida. E todo aprendizado adquirido pode ser compartilhado com o objetivo de inspirar e encorajar os demais.

A Palavra nos instrui, em Tito 2.3, que as mulheres mais velhas devem ensinar as mais novas a serem reverentes na sua maneira de viver. Isso quer dizer que as pessoas que já possuem experiência em uma área podem conduzir aquelas que buscam acertar nesse mesmo aspecto. Ou seja, algumas mulheres podem, por exemplo, mentorear outras para elas se curarem de seus traumas. Outras podem ensinar sobre como cuidar da casa com amor ou a preparar uma mesa posta. Há mulheres que podem ensinar outras a estudar a Bíblia ou a escrever, falar em público, cuidar dos enfermos, educar crianças, empreender, administrar finanças, ser uma esposa melhor, desfrutar da maternidade, cuidar de um bebê quando se é mãe de primeira viagem, e assim por diante.

Há inúmeras áreas específicas para que você possa compartilhar sua experiência e conhecimento. No meu caso, após a publicação da primeira edição deste livro, passei a fazer atendimentos como conselheira cristã. Fiz isso de maneira despretensiosa, eu simplesmente obedeci à direção de Deus, ao "ide" que ele me havia confiado. Desempenhei essa função de maneira voluntária por seis anos e pude ver centenas de mulheres e famílias curadas e restauradas pelo poder do Senhor. Não tenho dúvidas de que ajudar outras mulheres a superarem suas dores acelerou o meu próprio processo de cura emocional.

FAÇA COM O QUE VOCÊ TEM

Quando escrevi a primeira versão deste livro, pensava em guardá-lo para imprimir só depois de uns dez anos, visto que eu não tinha recursos nem conhecimento de como publicar um livro. Mas creio que Deus tinha pressa. Pressa para restaurar e curar vidas também por meio da minha história. Ele foi usando pessoas específicas para me instruir e trazendo toda provisão necessária para o lançamento do livro. Nessa mesma época, meu esposo criou uma página em uma rede social, e eu, timidamente, comecei a postar textos e escrever séries com temas específicos, voltados para mulheres. A resposta foi imediata. Muitas mulheres me procuravam, em particular, pedindo conselhos.

Naquele tempo, eu conseguia aconselhá-las diretamente, e até hoje recebo inúmeros testemunhos do que Deus fez naquela temporada. Até então, escrever era meu maior dom, e seguia feliz cumprindo parte do meu chamado por meio da escrita, mas, para meu desespero, meu esposo criou um canal de vídeos em 2014. Ele disse: "Pronto! Você não quer falar para todos do amor de Cristo e inspirar pessoas a serem curadas como você foi? Está aí a melhor ferramenta". Sendo sincera, eu fiquei até brava com ele, pois me sentia totalmente incapaz de falar na frente de uma câmera e ainda ter a coragem de publicar aquele conteúdo.

Contudo, pouco a pouco o Espírito Santo foi me convencendo de que, para cumprir meu chamado com maior abrangência e multiplicar o que Deus havia me confiado, eu precisaria usar todos os meios de comunicação existentes. Só Deus e eu sabemos tudo o que passei e quantas vezes, insistentemente, pensei em desistir antes de ter a fluidez que tenho hoje diante das câmeras. Portanto, mais uma vez, tenho propriedade para encorajar você: se eu consegui, você também conseguirá!

E não me venha com desculpas, dizendo que sua casa é feia para aparecer no vídeo, que não tem um ambiente de gravação todo decorado, nem quem ajude você nesse trabalho. Não adianta dizer que não tem uma câmera boa, que não sabe escrever direito, que não fez faculdade, que não tem tempo ou que não dá conta sozinha. Eu já usei cada uma dessas desculpas e outras mais. Mesmo assim, o Espírito Santo não desistiu de mim, e o que eu aprendi foi: se Deus está chamando você para fazer algo que carrega o amor dele e levá-lo às pessoas, **apenas obedeça, faça com o que você tem**. Se não surgir oportunidades em sua igreja, use suas redes sociais, os dons que o Senhor lhe deu e seu celular pessoal mesmo. Só não deixe de fazer o que tem de ser feito.

Saiba também que Deus sempre multiplica o que você já tem e o que semeia na vida das pessoas. É como o que se relata na passagem da multiplicação de pães e peixes (cf. Mateus 14.13-21): às vezes, você só tem "cinco pães e dois peixinhos", mas quando consagra o que está em suas mãos ao Senhor, ele opera alimentando uma multidão. Ele já lhe entregou o que você precisa para cumprir seu propósito nesta Terra, só não despreze os pequenos começos, porque eles podem levar você a lugares que nem imagina.

> *"Excelência é fazer coisas simples de maneira extraordinária." (Booker T. Washington)*

> *"Excelência é fazer o melhor que você pode dentro das condições que tem hoje, enquanto você não tem condições de fazer melhor ainda." (Mario Sergio Cortella)*

> *Não desprezem os começos humildes, pois o Senhor se alegra ao ver a obra começar [...]. (Zacarias 4.10, NVT)*

> *Você foi fiel no pouco; eu o porei sobre o muito [...]. (Mateus 25.21, NVT)*

> *O agricultor que espera condições de tempo perfeitas nunca semeia; se ele fica observando cada nuvem, não colhe. (Eclesiastes 11.4, NVT)*

> *O generoso prosperará; quem dá alívio aos outros, alívio receberá. (Provérbios 11.25)*

ABRINDO AS GAIOLAS

Neste momento, convido você a se autoavaliar e identificar em que área pode atuar a partir de agora. Para isso, pegue papel e caneta e responda com calma às seguintes perguntas:

1. O que Deus já fez por você e por sua família? Liste os principais milagres e transformações que ocorreram na sua vida e em seu lar. De que maneira você pode retribuir um pouco do muito que Deus já fez por você?
2. Quais recursos você tem hoje para oferecer ao Senhor como oferta para a expansão do Reino dele? Talvez possa ofertar parte do seu tempo ou dinheiro, oferecer seus dons, talentos ou presença na vida de alguém. Talvez possa dar oportunidades, hospedar um missionário ou simplesmente oferecer uma carona. Esteja disposta.
3. Tem algo que você sente no coração que deve fazer, mas percebe que está fugindo insistentemente? O que seria isso? Você sente que foi Deus quem lhe pediu para fazer isso?
4. Você é sensível às necessidades dos outros?
5. Quais são suas principais qualidades?
6. As pessoas normalmente pedem que tipo de ajuda para você?
7. O que você faz tão naturalmente que nem percebe o tempo passar?

8. O que você acredita precisar para dar o primeiro passo em direção ao cumprimento do seu chamado e propósito?
9. Quais são os maiores obstáculos que a impedem hoje de servir o Reino de Deus de alguma forma?
10. O que gostaria que as pessoas dissessem a seu respeito quando você não estiver mais nesta Terra?
11. Liste ações que você acredita ser capaz de realizar e que levará mais pessoas a conhecer o amor de Cristo.
12. Em que área gostaria de servir no Reino de Deus? Exemplos: igreja local, instituições sociais, asilos, hospitais, casas de acolhimento, escolas, missões, governo, negócios, educação, mentoria, saúde, arte, comunicação, redes sociais.
13. Onde você acredita que seus talentos e dons podem ser bem aplicados no contexto de igreja? Exemplos: ensino, acolhimento, consolo, grupos de apoio, liderança, conselhos, pastoreio, música, adoração, arte, intercessão, cura e libertação, saúde emocional, voluntariado, área infantil, adolescentes, jovens, casais, idosos, solteiros, mães atípicas, organização geral e de eventos, decoração, comunicação, secretariado, atendimento, setor financeiro, caridade, doações, assistência social, serviços gerais, limpeza, cozinha, visitas, ações de evangelismo.

Portanto, vão e façam discípulos de todas as nações, batizando-os em nome do Pai, do Filho e do Espírito Santo, ensinando-os a guardar todas as coisas que tenho ordenado a vocês. E eis que estou com vocês todos os dias até o fim dos tempos. (Mateus 28.19-20)

"Você pode ser apenas uma espectadora ou uma protagonista da transformação social do seu tempo. A escolha é sua." (Helen Klein)

AÇÕES PRÁTICAS QUE DEMONSTRAM O AMOR DE CRISTO

Por fim, quero trazer alguns exemplos de ações que você pode fazer **a partir de agora mesmo**, ainda que não tenha muita clareza de qual é o chamado específico de Deus para sua vida:

- **Aconselhar** uma ou duas mulheres de maneira particular toda semana.
- **Mentorear** um grupo de mulheres em uma alguma área, como: casamento, criação de filhos, relacionamentos, vida íntima com Deus, crescimento espiritual, desenvolvimento emocional, empreendedorismo, finanças, e assim por diante.
- **Formar grupos** ou redes de apoio por áreas de interesse. Exemplos: clube de leitura da Bíblia, de livros e

devocionais, restauração de casamento, enfrentamento do luto, mães atípicas, divórcio, viuvez, depressão, ansiedade, abusos, traumas, enfrentamento do câncer, mães que oram por filhos desviados do Evangelho, etc. A ideia é promover uma reunião semanal com um grupo fechado por interesse de, no máximo, dez pessoas, para melhor aproveitamento. Os grupos de apoio ajudam as pessoas a se sentirem menos sozinhas em suas batalhas, conectando vidas que se entendem e se compreendem. Essa compreensão gera diminuição das angústias e frustrações que carregam, promovendo uma rica e importante troca de aprendizado que encoraja o enfrentamento da situação e traz sugestões de soluções para seus problemas.

- **Visitas agendadas.** Conhece alguém que está passando por um luto? Enfrentando um câncer ou a dor de um divórcio? Tem alguma amiga ou conhecida que está passando por uma fase difícil, talvez uma gravidez de risco, ou que é mãe de primeira viagem, na fase do puerpério, sem rede de apoios? Quem sabe você não tem uma amiga solteira que está sofrendo pelo término de uma relação amorosa. Que tal levar um bolo ou um livro de presente para ela, ou convidá-la para saírem juntas para espairecer e conversar? Em caso de doença, disponha-se a levá-la para as consultas, exames de rotina, tratamentos; se você tiver intimidade com a pessoa, talvez possa fazer uma faxina em sua casa, passar roupa ou pagar alguém que faça isso, afinal, a pessoa em luto ou doente fica debilitada e sem disposição, ou, no caso da recém-mamãe, que está sempre muito atarefada e cansada, uma ajuda dessa pode ser bem-vinda.

- **Motorista da vez.** Conhece uma mãe atípica que vive uma rotina estressante de consultas, terapias e exames? Que tal se dispor a dirigir até o consultório e depois levá-la para uma cafeteria ou doceria? Pergunte se ela quer ir a um lugar específico, a ideia é que ela possa se distrair de alguma forma. Você conhece alguém que mora longe dos pais ou não tem uma rede de apoio, que fez alguma cirurgia recente e não pode dirigir, ou está passando por um momento difícil de saúde, ou tem alguém doente na família e essa pessoa está sobrecarregada? Que tal pedir para ela fazer uma listinha do que precisa e você se dispor a ir ao supermercado ou à farmácia para aliviar o fardo dela?
- **Abastecendo o armário.** Conhece alguém que está desempregado? Se puder, que tal fazer uma pequena compra de alimentos e produtos de higiene, ou pedir à sua igreja uma cesta básica, e levar até a casa dessa pessoa? Se a família necessitada tiver crianças, é interessante comprar alguns itens que eles gostam mais, como iogurte, cereal, leite, achocolatado, bolachas, bisnaguinha, etc. Se tiver bebê na família, fraldas e leite ajudam muito. Pergunte do que essa família mais precisa e compre esses itens das mesmas marcas que você compra para a sua família.

- **Salão de beleza.** Que mulher não gosta de cuidar do cabelo, das unhas e da pele? Que tal levar alguém que não tem condições para um dia de beleza com direito ao que você puder pagar? Esse ato a fará se sentir especial, importante e amada.
- **Passeio no shopping.** Você tem sobrinhos ou conhece crianças que não têm muita condição financeira? Que tal levá-los a um dia de brincadeiras, com direito a lanche, sorvete e talvez até um brinquedo ou roupa nova de presente? Se for adolescente ou jovem, você pode levar ao cinema, à livraria ou a algum passeio que ele(a) goste.
- **Esvaziando o guarda-roupa.** Quantas roupas você tem em seu armário que nem usa mais? Conhece alguém que seria abençoado com roupas e acessórios que você possa dar? Você não tem ideia do quanto já fui abençoada em momentos específicos com peças assim, e hoje sou grata a Deus porque posso fazer o mesmo por outros.
- **Fazer visitas a hospitais**, asilos e casas de acolhimento. Conte histórias, cante canções com violão, abrace, ofereça amor...
- **Seja voluntária** em algum projeto social que tenha a ver com seu chamado.
- **Como empreendedora**, que tal propor para seus clientes a ideia de trazerem alimentos e produtos de higiene para serem doados para famílias carentes todo mês?

- **Como profissional**, educadora física, que tal dar aula, uma vez por semana, de dança, alongamento ou pilates para as mulheres da sua igreja, a fim de trabalhar a autoestima delas?
- **Oferecer aulas gratuitas** de arte ou artesanato se esse for o seu dom. Atividades como essas trazem cura emocional, aumentam a autoestima, além de promoverem outros inúmeros benefícios.
- **Criar uma biblioteca social** para mulheres, disponibilizando livros cristãos relacionados aos principais assuntos do universo feminino. Estabeleça prazo de entrega, como em uma biblioteca comum.
- **Dar suporte espiritual** para alguém que esteja enfraquecida nessa área. Uma ideia é fazerem campanhas de oração, jejum, leitura bíblica e de outros livros juntas. Você pode enviar canções e ministrações que acredita que irão ministrar o coração dela, além de emprestar livros pessoais.

Essas são apenas algumas ideias, mas sugiro que ore e peça direcionamento ao Espírito Santo, porque somente ele sabe para o que Deus chamou e capacitou você a fazer neste tempo. Medite nos versículos a seguir para ser encorajada a dar o seu **"sim"** para o Senhor. Não tenho dúvidas de que, daqui algum tempo, você ouvirá uma das frases de agradecimento que mais ouço em minha jornada: "Obrigada pelo seu '**sim**'".

O Espírito do Soberano Senhor está sobre mim, porque o Senhor me ungiu para levar boas-novas aos pobres. Ele me enviou para cuidar dos que estão com o coração quebrantado, para proclamar liberdade aos cativos e libertação aos prisioneiros, para proclamar o ano do favor do Senhor [...]. (Isaías 61.1-2)

Seja constante o amor fraternal. Não se esqueçam da hospitalidade, pois foi praticando-a que, sem saber, alguns acolheram anjos. Lembrem-se dos que estão na prisão, como se estivessem aprisionados com eles; dos que estão sendo maltratados, como se vocês mesmos estivessem sendo maltratados. (Hebreus 13.1-3)

Nós, que somos fortes, devemos suportar as fraquezas dos fracos em vez de agradar a nós mesmos. (Romanos 15.1)

Levem os fardos pesados uns dos outros e, assim, cumpram a lei de Cristo. (Gálatas 6.2)

Consolem-se uns aos outros [...]. (1Tessalonicenses 4.18)
Portanto, animem e edifiquem uns aos outros, como têm feito. (1Tessalonicenses 5.11, NVT)

Em tudo, seja você mesmo um exemplo para eles, fazendo boas obras [...]. (Tito 2.7)

Seu divino poder nos deu todas as coisas de que necessitamos para a vida e para a piedade [...]. (2Pedro 1.3)

[Deus] os aperfeiçoe em todo o bem para fazerem a vontade dele [...]. (Hebreus 13.21)

Assim também a fé, por si só, se não for acompanhada de obras, está morta. (Tiago 2.17)

Acima de tudo, porém, revistam-se do amor, que é o elo perfeito. (Colossenses 3.14)

É ele que nos consola em toda a nossa tribulação, para que, pela consolação que nós mesmos recebemos de Deus, possamos consolar os que estiverem em qualquer espécie de tribulação. (2Coríntios 1.4)

Tudo o que fizerem, façam de todo o coração, como para o Senhor, não para os homens, sabendo que receberão do Senhor a recompensa da herança, pois é a Cristo, o Senhor, a quem vocês servem. (Colossenses 3.23-24)

Considerações finais

“OS DOIS
DIAS MAIS
IMPORTANTES
DA SUA VIDA
SÃO: O DIA QUE
VOCÊ NASCEU
E O DIA QUE
DESCOBRE POR
QUE NASCEU.”

(MARK TWAIN)

O Senhor nos ama e nos chamou para uma vida abundante em amor, mas a força do pecado vive tentando nos paralisar. Em grego, o significado da palavra "pecado" é: errar o alvo. Quando nossos pais ou cuidadores erraram, faltaram e falharam ao longo da nossa vida, estavam errando o alvo conosco, e esse alvo seria nos amar, cuidar, proteger e prover. Muitos deles foram vítimas da consequência dos pecados de seus pais, que, muito possivelmente, também não receberam amor, afeto ou carinho. Aprendi que as pessoas só dão do que tem em sua reserva emocional, e uma grande cura entrou em meu coração quando entendi que minha mãe, por exemplo, foi apenas vítima do pecado que cometeram contra ela. De maneira inconsciente, ela transmitiu a mesma dor que recebeu.

O caminho da cura passa por olhar nossas dores, validar nossos sentimentos e perceber qual é a interpretação que nosso inconsciente registrou em nossa memória diante dos traumas vividos. Depois disso, também é importante tentar entender a história de vida daqueles que falharam conosco. Com o tempo, aprendi a ressignificar cada dor vivida, e, como você pôde ver no relato da minha história, o perdão também é um elemento primordial nesse processo, sendo a primeira porta para nossa liberdade. Perdoar, pedir perdão e receber o perdão de Cristo está no pacote da cura. Por vezes, estamos dentro de uma gaiola emocional com a porta aberta, mas nos negamos a sair, simplesmente porque não queremos perdoar. Jesus abriu nossa gaiola nos perdoando de todo pecado geracional quando morreu na cruz em nosso favor.

Eu só recebi a cura da minha alma quando aceitei o sacrifício que Jesus Cristo fez na cruz por mim e aceitei esse verdadeiro amor, demonstrado por meio de um ato tão sofrido. Sabia que Jesus nos amava e tinha se entregado na cruz para nos salvar, mas eu não me sentia particularmente amada, eu ainda não tinha recebido nem aceitado seu amor específico por mim. Precisei dizer: "Jesus morreu por mim", e não apenas pela humanidade de modo geral. Essa especificidade me fez compreender parte do seu tão imensurável amor.

Com o tempo, aprendi a ressignificar cada dor vivida, e, como você pôde ver no relato da minha história, o perdão também é um elemento primordial nesse processo, sendo a primeira porta para nossa liberdade.

Jesus morreu por mim e por você. Antes mesmo de você nascer, o Senhor sonhou com você, ele a planejou e a desenhou, tem uma história linda para viver com você. Não pense que ele desejou um roteiro trágico, doloroso ou triste para sua vida. As pessoas usam o poder do livre-arbítrio como querem e, infelizmente, o pecado que escraviza e domina as pessoas se manifesta através de escolhas que nos prendem em laços de dores emocionais. Porém, Cristo tem o bálsamo da cura e, como um cavalheiro, só entra nas áreas fraturadas e feridas se você permitir. Basta que você lhe dê acesso para que o Espírito Santo lance remédio nessa ferida infeccionada em sua alma. Eu sei que dói, mas deixe-o tratar e, após algum tempo, dessas feridas apenas as cicatrizes ficarão, para lembrar você e as pessoas do que Deus fez em sua vida.

> *"Você vai sair dessa. Não será sem dor. Não será rápido. Mas Deus vai usar essa bagunça toda para o bem."*[1] *(Max Lucado)*

Hoje, as mesmas lembranças que me feriram, que tanto me torturaram por longos anos, não me machucam mais nem me trazem nenhuma dor. Minhas cicatrizes contam minha história para que outras pessoas, que passam por dores parecidas, possam ter esperança. Pessoas ferem, mas o mais importante é que pessoas curam!

Pare e reflita sobre a sua vida. Será que, assim como eu antes do início do meu processo de cura emocional, você não está fechada para essa jornada? Será que você não está tentando fugir dos problemas ou varrer a sujeira para debaixo do tapete, como eu fiz por anos? Talvez você tenha feito isso

---

1. LUCADO, Max. Você vai sair dessa!: Deus está ao seu lado mesmo quando os problemas parecem não ter solução. São Paulo: Thomas Nelson Brasil, 2019.

até esse momento sem ter a consciência de que o seu passado influencia sua vida atual e a impede de viver a vida abundante que Deus tem para você.

Eu também não tinha conhecimento ou consciência de como o meu passado interferia no meu presente. Não fazia a conexão de como os traumas vividos alimentavam maus comportamentos que contribuíram com a minha destruição. Até que chegou o tempo em que Deus me permitiu sentir o mau cheiro daquele lixo colocado debaixo do tapete, e fui impelida a limpar toda a sujeira.

O Senhor acendeu as luzes dos cantos mais escuros da minha alma e me permitiu ver todo o caos emocional que havia se instalado ali. Mas ele também me providenciou ajuda e creio que, se você precisar, ele também lhe providenciará uma ajuda inicial. Você precisa apenas se render, entregar o controle total da sua vida nas mãos dele, passar a depender do Senhor para absolutamente tudo na sua vida e clamar a ele por caminhos e respostas. Deus tem pressa em sarar as suas feridas, em resgatar e transformar você. Ele está pronto, de braços abertos para recebê-la.

O Senhor acendeu as luzes dos cantos mais escuros da minha alma e me permitiu ver todo o caos emocional que havia se instalado ali.

Uma das coisas mais lindas da essência de Cristo é que ele não nos condena por causa dos nossos erros e pecados. Ele nos aceita como estamos e está disposto a nos ajudar a melhorar. Não faça a besteira de tentar mudar você mesma sozinha, porque, na força do seu braço, as transformações não serão efetivas, e o resultado será frustração, além de ataques na mente, como: "para você não tem mais jeito, você não vai conseguir, não adianta se esforçar porque nada vai mudar em sua vida...". Portanto, apoie-se em Deus, ainda que você se ache incapaz de superar as dores do passado, pois é ele quem a capacita a vencer, pela força do amor e do poder dele.

Enquanto eu me via com os meus olhos naturais, usando as lentes das feridas emocionais, sentia-me indigna de ter acesso a Deus como meu Pai. Eu pensava que sempre teria de fazer algo para "merecer" seu amor, mas a verdade é que o preço já foi pago por nosso Senhor e Salvador Jesus, o Cristo. Aprendi que Deus nos ama incondicionalmente e expressou seu tão grande amor ao enviar Jesus para sofrer em nosso lugar, pagando a dívida do pecado que jamais poderíamos pagar. Sendo assim, não se trata do que fazemos de bom ou mau. É Cristo quem nos justifica, purifica, resgata, salva, limpa, liberta, cura, cuida, ama, protege, ensina e se faz presente em todos os momentos, precisamos simplesmente estar nele.

A grande virada de chave em minha vida foi quando, lá naquele congresso, entendi em meu espírito que sou uma filha amada de Deus Pai. Já citei este versículo, mas vale repeti-lo aqui para que você absorva essa profunda verdade:

> *Pois vocês não receberam um espírito que os torne, de novo, escravos medrosos, mas sim o Espírito de Deus, que os adotou como seus próprios filhos. Agora nós o chamamos "Aba, Pai",* ***pois o seu Espírito confirma a nosso espírito que somos filhos de Deus.*** *(Romanos 8.15-16, NVT)*

Durante anos, eu esperei ser aceita, amada, validada e reconhecida pelas pessoas. A rejeição, o abandono e o desprezo foram companheiros leais até o início da minha cura, porém, por intermédio de Jesus, eu encontrei o amor do Pai. Um amor intenso, forte, presente e real, que foi me curando, ano após ano, dentro desse longo processo. Assim, pude descobrir minha identidade em Cristo, o que me levou para um novo nível em todas as áreas da minha vida.

Algo importante que aprendi nesse processo foi o seguinte: não adianta buscar em coisas materiais, em lugares de destaque, em *status*, em diplomas ou cargos, em curtidas nas redes sociais, nem sequer em pessoas, o que só podemos encontrar em Jesus. Quando caminhamos para o centro da vontade de Deus, sentimo-nos felizes e plenamente satisfeitas, apesar de todas as lutas, porque estamos fazendo aquilo para o qual fomos criadas, e isso nos dá um forte senso de realização e de sucesso.

Se você tem colocado suas expectativas nas pessoas, como eu fazia, convido você a direcionar sua esperança e confiança em Jesus, afinal, ele nunca decepciona, nunca falha, nunca erra nem chega atrasado. Ele ama você, foi quem a criou e sabe para qual propósito a enviou à Terra.

Não, você não é um acidente de percurso na vida dos seus pais, não é um aborto que não deu certo nem o resultado da falha de um método contraceptivo. Sua vida tem um propósito, e por mais que Deus não tenha desejado para você ou para mim toda dor que vivenciamos, ele pode usar nosso testemunho para glorificar o nome dele. O Senhor transforma maldição em bênção (cf. Neemias 13.2) e nos leva a viver a história que ele sonhou para nós. É isso o que ele tem feito em minha vida, na da minha família, e creio que fará o mesmo na sua, se você permitir e permanecer firme nesse processo, mesmo nos dias mais dolorosos.

A obra continua, eu continuo caminhando, e ele continua me ensinando, moldando, trabalhando em mim, tratando as mais diversas áreas. Sei que o Senhor ainda não terminou, até porque, quando terminar, chegará a hora de eu me reencontrar com ele. Cristo nos aperfeiçoa, levando-nos de glória em glória, até o dia em que o veremos face a face. Tem uma frase da Joyce Meyer de que eu gosto muito: "Sei que ainda não estou onde deveria estar, mas também não estou no lugar onde estava". É isso, o importante é estar caminhando.

Glorifico a Deus também porque, como família, temos crescido dia a dia na nossa caminhada com Cristo. Desde que Deus me conduziu a esse caminho de cura e transformação, meu esposo não é mais o mesmo. Foram muitas as transformações que o Senhor operou na área emocional dele, e inúmeros os bons frutos que posso ver em sua vida hoje. Não tenho dúvidas de que muitas intervenções em nosso casamento foram verdadeiros milagres de Deus para que chegássemos até aqui. Eu também não sou mais a mesma esposa nem a

Se você tem colocado suas expectativas nas pessoas, como eu fazia, convido você a direcionar sua esperança e confiança em Jesus, afinal, ele nunca decepciona, nunca falha, nunca erra nem chega atrasado.

mesma mãe de antes. Como esposa, eu era fria, distante, chata e reclamona. Como mãe, autoritária, religiosa, julgadora e, muitas vezes, dura. Deus me transformou e, como consequência, minha família foi e continua sendo transformada.

Hoje, dou um novo significado e sentido à minha dor. Chego até a dizer que valeu a pena passar por tudo que passei para conhecer o Senhor como conheço hoje. Também digo como Jó: "Eu te conhecia de ouvir falar, mas agora os meus olhos te veem" (Jó 42.5). Toda essa minha trajetória de cura com Cristo tornou-me mais humana, mais sensível à dor do outro, deu-me um sentido de vida e um senso de propósito que me move. Entendi que a cura é em mim, mas também através de mim.

Saiba que sua história importa para Deus, e o que ele quer fazer em você será expandido através de você. Coloque toda a sua dor e tudo o que viveu, absolutamente tudo, diante do Senhor e peça para que ele a conduza por um novo caminho, um caminho de cura, resgate e libertação de todas as consequências dos traumas vividos. Nessa jornada, mesmo quando estiver sem ânimo ou sem vontade de orar, coloque um louvor, ouça-o, deixe-o entrar em seu espírito e então comece a louvar e a adorar a Deus, pois o louvor é uma grande arma contra o inimigo: quando louvamos, cadeias se rompem, há libertação, restauração e cura.

Você recebeu algumas chaves através desta leitura, use-as para abrir a sua gaiola emocional e não se esqueça de continuar usando essas chaves para ajudar outras pessoas.

A Deus toda a honra, glória, louvor e poder, ao Único que é digno, ao Rei dos reis, o Senhor Jesus!

Deixo a seguir o trecho de uma canção e uma oração para edificar seu espírito.

"Quanto amor, quanto amor, ele tem por mim
Quanta dor, quanta dor, sofreu por mim por amor
A razão de tão grande amor foi mostrar que a minha vida tem valor
Sou tão precioso para Deus, que ele deu o seu filho pra morrer na cruz por mim

Oh Deus, te louvo pelo teu amor
Tu mudaste meu interior
E agora eu quero viver pra transmitir este amor que vem de ti."[2]

ORAÇÃO

Senhor Jesus, eu reconheço e aceito o teu sacrifício na cruz por mim. Agradeço por teu grande amor que me alcançou e por teu perdão. Quero te entregar minha mente, minhas emoções, meu passado, todas as dores, faltas, traumas, decepções e fracassos que vivi. Deixo tudo aos pés da tua cruz.

Perdoe-me por ter andado distante do Senhor, por ter culpado todos à minha volta e até por ter culpado a ti por todo mal

2. Quanto amor (Paulo César Baruk).

que vivi. Quero ter a revelação clara do teu amor e sentir que sou tua filha amada. Testifica no meu espírito que sou filha pelo poder do teu Espírito. Enche os espaços vazios da minha alma com tua paternidade perfeita e saudável. Peço que, a partir de hoje, o Senhor faça morada em meu coração, que o teu Espírito Santo habite em mim e dirija todos os meus passos.

Reconheço que tenho tentado fazer a minha vida "dar certo" na força do meu braço e confesso que já não tenho mais forças para lutar. Por isso, eu me rendo completamente a ti e peço que me ajudes a organizar essa bagunça emocional, a tirar toda a sujeira que joguei para debaixo do tapete e que acendas as luzes nos cantos mais obscuros da minha alma. Peço, por favor, que tragas cura, libertação, transformação e restauração nas áreas da minha vida em que isso for necessário. Agradeço e peço em teu nome, amém!

Entendi, de fato, que todas as coisas cooperam para o bem daqueles que amam a Deus e são chamados segundo seu propósito e que minha maior dor se tornou a minha maior missão e ministério. Encerro com alguns versículos que foram de suma importância no início do meu processo de cura emocional. Quem sabe Deus fale ao seu coração por meio deles em algum estágio da sua jornada também...

> *E sabemos que Deus faz todas as coisas cooperarem para o bem daqueles que o amam e que são chamados de acordo com seu propósito. (Romanos 8.28, NVT)*

Só ele cura os de coração quebrantado e enfaixa suas feridas. (Salmos 147.3)

Ele, porém, foi transpassado por causa das nossas transgressões e esmagado por causa das nossas iniquidades; o castigo que nos trouxe a paz estava sobre ele, e pelas suas feridas fomos curados. (Isaías 53.5)

Cura-me, SENHOR, e serei curado; salva-me, e serei salvo, pois tu és aquele a quem louvo. (Jeremias 17.14)

Então ele lhe disse: – Filha, a sua fé curou você! Vá em paz e fique livre do seu sofrimento. (Marcos 5.34)

Todavia, trarei restauração e cura para ela; curarei o meu povo e lhe darei muita prosperidade e segurança. (Jeremias 33.6)

"Farei cicatrizar o seu ferimento e curarei as suas feridas", declara o Senhor, "porque chamam a você, Sião, de rejeitada, aquela por quem ninguém se importa". (Jeremias 30.17)

Depositei toda a minha esperança no SENHOR; ele se inclinou para mim e ouviu o meu grito de socorro. Ele me tirou de um poço de destruição, de um atoleiro de lama; pôs os meus pés sobre uma rocha e firmou-me num local seguro. Pôs um novo cântico na minha boca, um hino de louvor ao nosso

Deus. Muitos verão isso, temerão e confiarão no SENHOR. *(Salmos 40.1-3)*

Não vos lembreis das coisas passadas, nem considereis as antigas. Eis que faço coisa nova, que está saindo à luz; porventura, não o percebeis? Eis que porei um caminho no deserto e rios, no ermo. (Isaías 43.18-19, ARA)

Não andeis ansiosos de coisa alguma; em tudo, porém, sejam conhecidas, diante de Deus, as vossas petições, pela oração e pela súplica, com ações de graças. E a paz de Deus, que excede todo o entendimento, guardará o vosso coração e a vossa mente em Cristo Jesus. (Filipenses 4.6-7, ARA)

Sonda-me, ó Deus, e conhece o meu coração, prova-me e conhece os meus pensamentos; vê se há em mim algum caminho mau e guia-me pelo caminho eterno. (Salmos 139.23-24, ARA)

Não que eu já tenha obtido tudo isso ou tenha sido aperfeiçoado, mas prossigo para alcançá-lo, pois para isso também fui alcançado por Cristo Jesus. Irmãos, não penso que eu mesmo já o tenha alcançado, mas uma coisa faço: esquecendo-me das coisas que ficaram para trás e avançando para as que estão adiante, prossigo para o alvo, a fim de ganhar o prêmio do chamado celestial de Deus em Cristo Jesus. (Filipenses 3.12-14)

Estou convencido de que aquele que começou a boa obra em vocês há de completá-la até o dia de Cristo Jesus. (Filipenses 1.6)

Finalmente, irmãos, tudo o que for verdadeiro, tudo o que for nobre, tudo o que for correto, tudo o que for puro, tudo o que for amável, tudo o que for de boa fama, se houver algo de excelente ou digno de louvor, pensem nessas coisas. (Filipenses 4.8)

Portanto, todos nós, dos quais o véu foi removido, podemos ver e refletir a glória do Senhor, e o Senhor, que é o Espírito, nos transforma gradativamente à sua imagem gloriosa, deixando-nos cada vez mais parecidos com ele. (2Coríntios 3.18, NVT)

"Porque eu sei os planos que tenho para vocês", diz o Senhor. "São planos de bem, e não de mal, para lhes dar o futuro pelo qual anseiam". (Jeremias 29.11, NVT)

Todavia, como está escrito: "Olho nenhum viu, ouvido nenhum ouviu, mente nenhuma imaginou o que Deus preparou para aqueles que o amam". (1Coríntios 2.9)

Contudo, SENHOR, tu és o nosso Pai. Nós somos o barro; tu és o oleiro. Todos nós somos obra das tuas mãos. (Isaías 64.8)

Finalmente, fortaleçam-se no Senhor e no seu forte poder. Vistam toda a armadura de Deus, para poderem ficar firmes contra as ciladas do Diabo, pois a nossa luta não é contra seres humanos, mas contra os poderes e autoridades, contra os dominadores deste mundo de trevas, contra as forças espirituais do mal nas regiões celestiais. (Efésios 6.10-12)

Bendize, ó minha alma, ao SENHOR, e tudo o que há em mim bendiga ao seu santo nome. Bendize, ó minha alma, ao SENHOR, e não te esqueças de nem um só de seus benefícios. Ele é quem perdoa todas as tuas iniquidades; quem sara todas as tuas enfermidades; quem da cova redime a tua vida e te coroa de graça e misericórdia; quem farta de bens a tua velhice, de sorte que a tua mocidade se renova como a da águia. (Salmos 103.1-5, ARA)

Cumprirei os votos que te fiz, ó Deus; a ti apresentarei minhas ofertas de gratidão. Pois me livraste da morte e os meus pés de tropeçarem, para que eu ande diante de Deus na luz que ilumina os vivos. (Salmos 56.12-13)

Tu criaste o íntimo do meu ser e me teceste no ventre de minha mãe. Eu te louvo porque me fizeste de modo especial e admirável. (Salmos 139.13-14)

Para conhecer os outros títulos da autora, redes sociais, cursos e acompanhar sua jornada, acesse o site, apontando a câmera do seu celular para o QR CODE abaixo:

Esta obra foi composta em *Arno Pro*
e impressa por Gráfica Santa Marta sobre papel
Offset 75 g/m² para Editora Vida.